Harold Coward (Hg.)

Das Leben nach dem Tod in den Weltreligionen

HERDER / SPEKTRUM
Band 4652

Das Buch

Geht das Leben nach dem physischen Tod weiter? Wie kann man es sich vorstellen? Gibt es eine Verbindung zwischen den Verstorbenen und dem Leben in dieser Welt? Die Vorstellungen von einem Leben nach dem Tod haben die Menschen seit jeher – und ganz unabhängig von ihren jeweiligen Glaubensauffassungen – beschäftigt. Sie haben viele Fragen aufgeworfen, Spekulationen provoziert. Im Zentrum des Problems steht meist die Grundfrage: Gibt es eine Transzendenz? Oder sind wir zufällige Evolutionsprodukte der Natur? In insgesamt sechs Kapiteln, von international ausgewiesenen Fachleuten verfaßt, werden im vorliegenden Buch die Grundgedanken der jeweiligen Religionen – des Judentums, Christentums, Islams, Hinduismus, Buddhismus sowie einiger chinesischer Religionen – zu diesem Thema lebendig, präzise und seriös vorgestellt und auch die damit verbundenen Ansichten über den Tod und das Danach behandelt. Konkrete Rituale, religiöse Praktiken und kulturgeprägte Emotionen im Zusammenhang mit dem Thema Tod werden untersucht, die verschiedengestaltigen Formen der Hoffnung auf ein Weiterleben anschaulich charakterisiert. Die Entstehung und Entwicklung der einzelnen Glaubens-Überzeugungen sind auch historisch-kritisch erläutert, wobei es den Autoren besonders darum geht, zu zeigen, daß die Auffassungen innerhalb der einzelnen Traditionen durchaus variieren können. Ein Kompendium der Weisheit religiöser Überlieferungen im Blick auf ein zentrales menschliches Thema und eine uralte menschheitliche Erfahrung. Die kompetente religionsvergleichende Hilfe zum besseren Verständnis einer alten Menschheitsfrage. „Informativ, intelligent und hilfreich" (B. Schellenberger).

Der Herausgeber

Harold Coward ist Professor für Geschichte und Direktor des Forschungszentrums für Religion und Gesellschaft an der Universität von Victoria. (Angaben zu den Autoren dieses Bandes vgl. S. 153f.)

Harold Coward (Hg.)

Das Leben nach dem Tod in den Weltreligionen

Aus dem Englischen
von Maria-Sybille Bienentreu

Herder
Freiburg · Basel · Wien

Gedruckt auf umweltfreundlichem,
chlorfrei gebleichtem Papier

Deutsche Erstausgabe

Die Originalausgabe erschien bei Orbis Books, Maryknoll, New York 1997
Herstellung: Freiburger Graphische Betriebe 1998
Umschlaggestaltung: Joseph Pölzelbauer
Umschlagmotiv: William Blake, The Inscription over the gate
ISBN: 3-451-04652-0

Inhalt

Einleitung

Gibt es ein Leben nach dem Tod? Dies ist eine der grundlegenden Fragen, denen kein Mensch ausweichen kann. Wenn wir älter werden oder wenn wir einen geliebten Menschen verlieren, stellt diese Frage sich unausweichlich. Mag sich auch im Laufe der Jahrhunderte viel geändert haben, wir unterscheiden uns, wenn es ans Sterben geht und die Frage auftaucht, was danach kommt, kaum von unseren Vorfahren. Obgleich die moderne Medizin für viele Menschen die Lebenszeit verlängert hat, regiert der Tod doch unvermeidlich weiter. Wie die vorausgegangenen Generationen finden wir uns im Sterben von Angesicht zu Angesicht mit etwas, das keine Wissenschaft kontrollieren oder verstehen kann.

Der Theologe Paul Tillich sprach von einer korrelativen Theologie, einer Theologie, die mit den Fragen beginnt, die das Leben stellt, und dann in Schrift und Tradition nach Antworten sucht [1]. Die Lebenskraft einer jeden Religion zeigt sich an ihrer Fähigkeit, auf unsere tiefsten und schwierigsten Fragen befriedigende Antworten zu geben.

Die ganze Geschichte hindurch haben die großen Religionen Antworten auf die Fragen ‚Gibt es ein Leben nach dem Tod – und wenn ja, wie ist es beschaffen?' gegeben. Auch bieten sie den Menschen Rituale an, die helfen, die jeweilige Antwort im Alltag umzusetzen.

Mit seinen in sich abgeschlossenen Kapiteln zu Judentum, Christentum, Islam, Hinduismus, Buddhismus und den chinesischen Religionen läßt das vorliegende Buch seine Leser die Unterschiede und Gemeinsamkeiten in der Art und Weise betrachten, wie die genannten Religionen auf die Frage ,Gibt es ein Leben nach dem Tod?' antworten. Zu Beginn jedes Kapitels werden – vor jeder Beschäftigung mit den Aussagen über den Tod und das Leben nach dem Tod – zunächst die Grundaussagen der betreffenden Religion skizziert. So soll es auch Lesern ohne Hintergrundwissen ermöglicht werden, die Antworten auf die Frage im größeren Zusammenhang der jeweiligen Tradition zu begreifen. Die Kapitel enthalten darüber hinaus eine Diskussion über Widersprüchlichkeiten in den jeweiligen Religionen und über ungelöste kritische Punkte. Jede einzelne Religion wird von einem führenden Experten für diese Tradition vorgestellt. Die Verfasser haben sich bemüht, so zu schreiben, daß die schwierigen Sachverhalte weder vereinfacht dargestellt werden, noch sich Studiumsanfängern oder interessierten Laien verschließen.

In jeder der dargestellten Religionen finden sich im Bezug auf ein Leben nach dem Tod die unterschiedlichsten Lehren und Rituale. Sie alle umfassend darzustellen, bedarf größerer eigenständiger Bücher zu jeder Religion. Ohne also auch nur den Versuch umfassender Antworten machen zu wollen, bieten die einzelnen Verfasser jeweils einen ausgewogenen Überblick über die Frage. Viele Religionen konnten nicht berücksichtigt werden (z. B. der Sikhismus, der Jainismus, der Shintoismus oder die Traditionen der australischen Ureinwohner). In ihnen allen finden sich wichtige Ideen und Rituale zur Frage des Lebens nach dem Tod. In einer kleinen Einführung muß aber notwendigerweise eine Auswahl getroffen werden, und so konzentrieren wir uns im vorliegenden Buch auf die größeren Weltreligionen.

Die westlichen Religionen: Judentum, Christentum und Islam

Die Art, wie sich das Judentum an die Frage nach einem Leben über den Tod hinaus annähert, ist auch für Christentum und Islam grundlegend. Das Judentum steht unter den Religionen einzigartig da, insofern es zunächst einmal davon ausging, daß es kein Überleben nach dem Tod gibt und Unsterblichkeit nur durch die Nachkommenschaft erreicht werden kann, wie es Eliezer Segal in seinem Kapitel zeigt. Später gewann die Lehre von der Auferstehung des Leibes immer größere Verbreitung, obgleich eine jüdische Sekte, die Sadduzäer, diese Lehre ganz ablehnte. Nach dem Untergang des Jerusalemer Tempels (etwa 70 n. Chr.) entwickelten die Rabbinen den Gedanken, daß die Toten in einem zukünftigen Zeitalter, das unter der Herrschaft des Messias steht, wieder mit ihrem Leib verbunden würden. Von einigen wurde die Idee vertreten, daß die Bösen im Grabe für ihre Sünden bestraft würden, während sie auf das Kommen des Messias warteten. So entwickelte sich auch der Gedanke, daß die Gerechten während des Wartens auf den Messias in ein himmlisches Paradies gelangten und die Sünder die Dschehenna, oder Hölle, erfuhren. Die jüdischen Mystiker, die Kabbalisten, entwickelten den Gedanken, daß ein Teil der Seele im Tode zu Gott, ihrem Ursprung, zurückkehre.

Das Christentum nun übernimmt diese grundlegenden Gedanken mit eigenen, zusätzlichen Qualifizierungen. Erlösung, d. h. die Auferstehung von den Toten, ist nur möglich durch die Auferstehung Jesu selbst. Deshalb sind auch die Erscheinungen Jesu nach der Auferstehung so wichtig, als Jesus seinen Jüngern begegnet und so zeigt, daß er von den Toten erweckt wurde und daß auch sie, wenn sie glauben, auferweckt würden. Nach der Sicht des Christentums wären ohne die Auferstehung Christi alle Menschen zum ewigen Tode verdammt. Der Sieg Christi über den Tod aber macht das ewige Leben für alle möglich. Bei Paulus heißt es in 1 Kor 15,22–23: „Denn wie in Adam alle sterben, so werden in Christus alle lebendig gemacht werden. Es gibt aber eine bestimmte Reihenfolge: Erster ist Christus; dann folgen, wenn Christus kommt, alle, die zu ihm gehören." Paulus spricht auch über die Natur des auferstandenen Leibes und sagt, daß der irdische Körper, der gestorben ist, von einem himmlischen Körper, einem geistlichen Leib, abgelöst wird. In seinem Kapitel über das Christentum liefert Terence Penelhum eine klare und sorgfältige Analyse des christlichen Versuchs, die Natur des geistlichen Leibes nach der Auferstehung zu begreifen. Gegen die Neigung vieler Christen heutzutage, die Herrschaft des Gottesreiches in diesem Leben so darzustellen, daß dabei das Leben nach dem Tod vernachlässigt oder ganz ausgeschlossen wird, betont Penelhum, daß es wesentlich für die Christen ist, an ein Leben nach dem Tod zu glauben, das an die leibliche Auferstehung des einzelnen gebunden ist – wenn auch eine Auferstehung des geistlichen Leibes.

Hanna Kassis stellt den islamischen Gedanken eines Lebens nach dem Tod dar, der sich zunächst gegen die Ansichten der Stämme auf der arabischen Halbinsel in vorislamischer Zeit absetzte. In vorislamischer Sicht ist der Tod das Ergebnis von Atem- oder Blutstillstand. Als ein natürlicher Tod wurde das Stillstehen des Atems angesehen. Im Gegensatz dazu empfand man den Tod durch Blutverlust als unnatürlich. Ein solcher Tod verlangte nach Vergeltung, ohne die die Seele des Toten rastlos durch die Wüste wandern mußte bis zum Tag der Rache. Diese Rache war Verpflichtung des Stammes, zu dem der Tote gehört hatte. Der Islam brachte einen radikalen Bruch mit diesen Ideen mit sich. An die Stelle des Stammes trat die *ummah*, die umfassende Gemeinschaft der Gläubigen. Der einzelne gehört nun zu Gott, nicht zu einem Stamm. Wie das Judentum und das Christentum lehrt der Islam, daß allein Gott das Leben schenkt und wieder nimmt. Für die Araber der vorislamischen Zeit stellte der Tod ein Reich der Apathie dar, in das man am Lebensende hinüberging. Der Islam hingegen begriff nun den Tod nicht als Lebensende, sondern als Übergang vom vergehbaren irdischen Leben zur Dauerhaftigkeit eines ewigen Lebens danach, wobei Gott Herr über beide Leben ist. Für Muslime beginnt das Gericht schon im Grab, bald nach dem Tod, wenn zwei Engel den Verstorbenen aufsuchen, ihn aufrichten und ihm Glaubensfragen stellen. Beantwortet der Tote diese richtig, darf er in Frieden ruhen, bis dann am Tag der Auferstehung von den Toten Jesus, der Messias, und Satan, der Antichrist, miteinander kämpfen werden. Der Islam hat hier etliche Ideen seiner Schwesterreligionen Christentum und Judentum übernommen. Gott allein kennt die Stunde und den Tag. Er wird durch schreckliche Zeichen angekündigt werden, durch Erdbeben, Feuer und das Nichtaufgehen der Sonne. Wegen seiner Ähnlichkeit mit Christus wird Satan zunächst viele Muslime dazu verleiten, ihm nachzufolgen. Doch dann wird Jesus, der Messias, erscheinen, kämpfen, den Satan besiegen und die Herrschaft des Glaubens, der Gerechtigkeit und des Friedens bis zum Jüngsten Tag wieder aufrichten. An jenem Tag werden laut Koran beim Schall der Posaunen die Toten wieder ins Leben zurückkehren und vor Gott den Bericht von ihren Taten lesen, um dann gerichtet zu werden. Die Gerechten werden ins Paradies gelangen, doch die Bösen werden zum zweiten Mal für ihre Sünden bestraft, indem sie für immer in die Hölle (Dschehenna) geschickt werden.

Die östlichen Religionen: Hinduismus, Buddhismus und die chinesischen Traditionen

Wenden wir uns nun den Religionen des Ostens zu, so finden wir ganz andere Vorstellungen vom Tod und dem Leben danach. Für die hinduistische Welt ist der Gedanke grundlegend, daß jeder Mensch fortwährend wiedergeboren wird – Leben um Leben. Ein zweiter Grundgedanke ist, daß dieses Wiedergeburtsmuster seit jeher, ohne allen Anfang, so besteht. Was eine Person in jedem einzelnen Leben tut oder denkt, legt die Umstände und Vorherbestimmungen *(karma)* zukünftiger Leben fest. Das, was man im gegenwärtigen Leben als bestimmt erfährt, ist wiederum die Folge der Handlungen in einem früheren Leben. Diese Grundvorstellung von Geburt – Tod – Wiedergeburt *(karma-saṁsāra)* übernahmen der Buddhismus, Jainismus und die Sikhs.

Westlichem Denken mag dies als seltsam und fremd erscheinen, doch handelt es sich hier um ein genau ausgearbeitetes Gedankensystem, das ganz logisch entwickelt wird, wenn man die Grundannahmen akzeptiert. Diese Grundannahmen enthalten den Gedanken von der Wiedergeburt und vom Gesetz des Karma. Das Gesetz des Karma geht davon aus, daß bei allen Taten und Gedanken eine Erinnerungsspur im Unbewußten gelegt wird. Eine gute Tat, ein guter Gedanke hinterlassen ebenso Spuren wie schlechte Taten und Gedanken[2]. Wenn wir uns zukünftig in einer ähnlichen Situation befinden, wird die frühere Erinnerungsspur ins Bewußte aufsteigen und den Impuls zu einer ähnlichen Handlung, einem ähnlichen Gedanken geben. Zu beachten ist, daß es sich bloß um einen Impuls (eine Disposition, einen Wunsch) handelt, der nicht notwendigerweise dazu zwingt, die gute oder schlechte Handlung zu wiederholen. Die freie Wahl bleibt bestehen. Man kann dem Impuls nachgeben und die Handlung wiederholen (was zu einer Vertiefung der Erinnerungsspur im Unbewußten führt) oder ihn verneinen (in welchem Fall, um das Bild des Samens zu verwenden, dem aufsprießenden Impuls weder Wärme und Nahrung gespendet wird, so daß er ohne weitere Spur im Unbewußten verwelken wird). So werden durch Gebrauch der Wahlfreiheit in jedem Augenblick des Lebens die Erinnerungsspuren im Unbewußten verstärkt oder ausgelöscht. Theoretisch sollte also jeder Impuls in diesem Leben auf Taten und Gedanken seit der Geburt zurückgeführt werden können. Doch geht die Karmalehre nicht davon aus, daß bei der Geburt der Geist *tabula rasa*, leer ist. Das Unbewußte hält nicht nur Erinnerung an Taten und Gedanken seit der Geburt, sondern auch aus dem vorherigen Leben – und dem Leben davor und endlos zurück – fest (die Karmatheorie lehnt einen absoluten Anfangspunkt ab und geht davon aus, daß es das Leben seit jeher gibt). Infolgedessen ist jeder Mensch zu denken als mit einem Unbewußten versehen, das wie ein riesiges Lager von Erinnerungsspuren ist und überfließt an Ideen, Impulsen und Wünschen, diese gute Tat zu tun und jenen schlechten Gedanken zu denken. Diese Impulse können aber durch freie Wahl kontrolliert werden. Wird eine bestimmte Handlung, ein bestimmter Gedanke oft genug wiederholt, entsteht eine Gewohnheit. Als Ergebnis dieser Theorie entsteht folgende Existenzleiter:

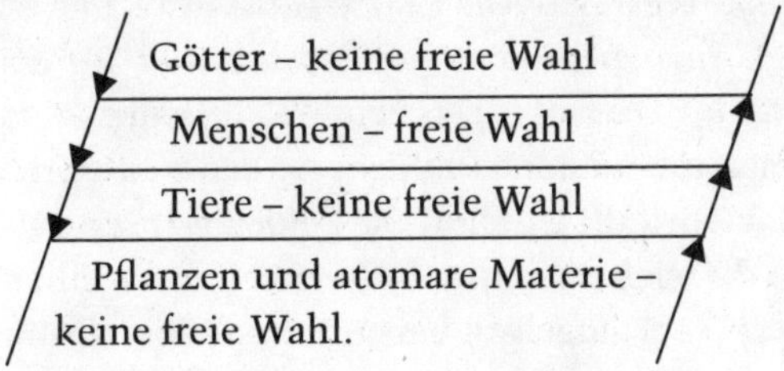

Illustration 1: Die karmischen Existenzstufen

Man stelle sich einen Menschen vor. Wenn er seine freien Wahlmöglichkeiten dazu benutzt, den guten karmischen Impulsen zu folgen, die aus dem Unbewußten kommen, und die negativen Impulse zu verneinen, wird er am Ende des Lebens die Anzahl der guten Karmas (Erinnerungsspuren) vermehrt und die der schlechten Karmas reduziert haben. Nach einem Buchhaltungssystem wird er automatisch auf einer höheren Stufe der Existenz wiedergeboren werden. Wenn er auch in einem zukünftigen Leben weiterhin den guten Impulsen folgt und die schlechten verneint, wird er auf der spiralförmigen Seinsleiter immer höher gelangen und schließlich als Gott wiedergeboren werden. Götter sind Wesen wie wir, denen allerdings nach der Mythologie die Ehre zukommt, bestimmte kosmische Funktionen zu überwachen (z.B. der Sonnengott). Wenn das durch viele gute freie Entscheidungen erworbene Verdienst aufgebraucht ist, wird man erneut als Mensch mit freier Wahlmöglichkeit wiedergeboren.

Wir wollen auch der anderen Möglichkeit nachgehen, daß man nämlich im Leben die freie Wahl dazu benutzt, die schlechten Impulse zu stärken und die guten zu verneinen.

Zum Zeitpunkt des Todes sind dann die schlechten Impulse zahlreicher, die guten geringer geworden. Das führt automatisch zu einer Wiedergeburt auf einer tieferen Stufe der Leiter. Wenn dasselbe Muster im nächsten Leben und im übernächsten usw. wiederholt wird, führt die Spirale abwärts bis zu einer Wiedergeburt als Tier. Auch Tiere sind wie du und ich, besitzen allerdings eine größere Summe schlechter Karmas (Erinnerungsspuren). Tiere besitzen keine Wahlfreiheit, sondern müssen einfach die Leiden erdulden, zu denen ihre tierische Existenz sie verurteilt. Durch diese Leiden werden die schlechten Karmas, die sich in Jahren (als freies menschliches Wesen) schlechter Wahl aufgebaut haben, ausgelöscht. Dann kommt es zur erneuten Wiedergeburt als freies menschliches Wesen und der Fähigkeit, die Stufen durch Karma und Wiedergeburt hinauf- oder hinunterzusteigen. In jainistischer Sicht werden die Pflanzen und die atomare Materie als auf der gleichen Ebene wie die Tiere behandelt.

Hier haben wir nun wahrhaftig einen „langen Blick" auf das Leben nach dem Tode. Nach endlosen Lebenszeiten mag man wohl dem Gefühl Ausdruck verleihen wollen: „Haltet die Welt an, ich möchte aussteigen!" – oder, um es auf die Weise des Ostens zu sagen: „Gibt es keinen Ausweg aus diesem scheinbar endlosen, anfanglosen Kreislauf von Geburt, Tod und Wiedergeburt?" Die hinduistische Tradition bietet darauf eine Antwort (einen Ausweg aus dem Kreislauf des Weiterlebens), die buddhistische eine andere, eine dritte bietet die jainistische – und alle sind recht unterschiedlich. Dieses Buch wird sich auf eine detaillierte Darstellung der hinduistischen und buddhistischen Tradition beschränken.

In der Darlegung der hinduistischen Antwort liefert Anantanand Rambachan eine genaue Beschreibung, wie das Selbst in einer Folge von Körpern, Leben um Leben, wiedergeboren wird. Die karmischen Erinnerungsspuren werden nicht durch das Selbst oder die Seele von einem Leben zum anderen transportiert, sondern durch *sūkṣma śarīra*, den feinen Körper, der sich im Augenblick des Todes vom physischen Körper löst. Den physischen Körper im Tode zu wechseln, sagen die Schriften der Hindu, ist wie das Wechseln abgetragener Kleidung. Doch wie entkommt man der Tretmühle endloser Wiedergeburten? Rambachan skizziert die beiden Hauptmöglichkeiten, die sich in der hinduistischen Antwort finden lassen: a) im Himmel bei den Göttern wiedergeboren zu werden (*svarga*) und zeitweilig Erlösung zu genießen, bis die gesammelten Verdienste verbraucht sind und man als Mensch wiedergeboren wird; oder b) unter Leitung eines Lehrers den geistlichen Disziplinen der Upanischaden (Erkennen und Meditation) nachzugehen, bis zur Erkenntnis der Identität des eigenen Selbst mit Gott (Brahman), dem Wesen aller Dinge, und von weiteren Wiedergeburten befreit zu werden *(mokṣa)*.

Bei ihrer Beschreibung des buddhistischen Weges beginnt Eva Neumaier-Dargyay mit der grundsätzlichen Herausforderung an die buddhistische Lehre: Wenn es, wie Buddha gelehrt hat, gar kein Selbst gibt, was wird dann wiedergeboren? Nach einem Blick auf die Pali- und Theravada-Traditionen bietet sie eine genaue Darstellung der tibetischen Perspektive, wie sie sich im *Bar do thos grol* (dem Tibetischen Totenbuch, genauer dem tibetischen *Buch der ‚Befreiung vom Zwischenzustand durch das Hören dieser Lehre'*) findet. Dieser Text spricht davon, wie im Moment des Todes der im geistlichen Leben Fortgeschrittene das Licht der Natur Buddhas sieht und als eins mit dem eigenen Geist in seiner reinsten Form erkennt. Solch eine Person hat die Erleuchtung, *Nirvana,* erreicht. Geistlich weniger Fortgeschrittene sehen das Licht zwar auch, aber nur für den Bruchteil einer Sekunde und sind dadurch vielleicht verängstigt. Sie befinden sich noch nicht auf der Stufe karmischer Reinheit, die für die Erleuchtung notwendig ist und werden wiedergeboren mit der Möglichkeit zu weiterer geistlicher Entwicklung. Solch einen Menschen bezeichnet die Schrift als im Tode in einem zeitweiligen Zwischenzustand, um einen neuen physischen Körper (einen Fötus) für die Wiedergeburt zu suchen. Die Schrift legt nahe, daß durch ihr sorgfältiges Studium über eine Lebenszeit hinweg und ein klares Erinnern im Augenblick des Todes die Wiedergeburt vermieden und das Nirvana, die Erleuchtung, erreicht werden kann.

Neumaier-Dargyay bemerkt dazu, daß diese hochentwikkelte buddhistische Analyse von Tod, Wiedergeburt und Erleuchtung sich mit neueren Berichten über Nahtod-Erfahrungen verbinden lassen, in denen ein ursprüngliches, alle Kulturen übersteigendes Phänomen erkennbar scheint, nämlich die Wahrnehmung eines hellen Lichts, das ‚Sehen' des alten Leibes, das Gefühl, nicht länger vom eigenen physischen Leib eingeschlossen zu sein, ihn aber doch zu fühlen – und schließlich das Beobachten der Verwandten und Freunde in deren Erleben des Todes.

In seinem Kapitel über das Leben nach dem Tod in den Religionen Chinas vermittelt Gary Arbuckle einen Eindruck davon, wie sich die buddhistische Ideenwelt Indiens mit den ursprünglich chinesischen (konfuzianischen und taoistischen) Ideen vermischen. Die Religion Chinas hat den Ruf, ganz pragmatisch motiviert zu sein. Arbuckle zeigt, wie die Vorstellung von einer himmlischen Bürokratie, die konfuzianische Denker entwickelt haben, so weit geht, daß sogar Sparguthaben und Kreditkarten der höllischen Bank angelegt werden können.

Das Denken und Handeln der chinesischen Religion ist mit einem Eintopf verglichen worden, in dem jedes Element (*te*) sich mit all den anderen vermischt, um erst so seinen vollen Geschmack entfalten zu können[3]. Arbuckle demonstriert, wie die konfuzianischen, buddhistischen und taoistischen Jenseitsvorstellungen und die Verbindung des Jenseits mit dieser Welt sich für die Lebenden zu einem gehalt- und phantasievollen, aber auch nahrhaften Ganzen verbinden. Das Kapitel berichtet vom chinesischen Denken über den ‚Kosmos und die Lehre von der Seele', vom ‚Belohnung erhalten', von ‚Ausbruchsversuchen aus dem Gefängnis durch Philosophie, Alchimie, Flucht, Erdulden' und von ‚Jenseitsvorstellungen heute'.

Arbuckle kommt zu dem Schluß, daß diese reiche Mischung chinesischer Ideen über Tod und Jenseits auch in der zeitgenössischen chinesischen Kultur noch überaus lebendig ist, vor allem an Orten wie Taiwan, Hongkong und der chinesischen Bevölkerung von Vancouver. Auch auf dem chinesischen Festland, behauptet er, wo ja die Landbevölkerung den größten Anteil ausmacht, wurden die Götter und die Erfordernisse des Lebens im Diesseits und im Jenseits niemals ganz vergessen.

Die folgenden Kapitel stellen die uralte Weisheit von sechs Weltreligionen dar bezüglich der Grundfrage nach einem Jenseits, seiner Beschaffenheit und seiner Bedeutung für mich zu meinen Lebzeiten hier. Mag unsere moderne Welt ihr Hauptinteresse noch so sehr auf die Vergnügungen und Sorgen des diesseitigen Lebens richten, für alle kommt einmal der Zeitpunkt, an dem man sich mit dem eigenen Tod konfrontiert sieht oder durch den Tod eines geliebten Menschen erschüttert ist. In solchen Augenblicken verblassen alle weltlichen Vergnügungen, die materielle Sicherheit, die wissenschaftlichen Gewißheiten und werden ersetzt von den uralten Fragen nach dem Tod und einem Leben danach. Auf diese Fragen geben die Religionen wichtige und bedenkenswerte Antworten, da sie voller Weisheit sind, die Zeitläufe überdauert haben und nicht zuletzt unzähligen früheren Generationen zufriedenstellende Antworten gegeben haben.

1

Das Judentum

Eliezer Segal

Der Begriff *Judentum*, der von einem definierbaren Glaubenssystem ausgeht, hat im hergebrachten Vokabular der Religion selbst kein wirkliches Gegenstück. Der weitverbreitete Gebrauch des Begriffs in den europäischen Sprachen rührt größtenteils aus der Begegnung und Auseinandersetzung mit dem Christentum, das ja Glaubensbekenntnissen und Lehren größere Bedeutung beimißt. In der jüdischen Tradition selbst sind Theologie und religiöse Vorstellungssysteme kaum je als wesentliche Merkmale aufgefaßt worden.

Genauer ist es, den Begriff *Judentum* in einem weiteren, kulturellen Sinn zu verstehen, der die ganze Bandbreite der religiösen Äußerungen des Volkes Israel (wie es sich selbst immer genannt hat) umfaßt. Ein solcher Gebrauch bezieht richtigerweise den nationalen Charakter der Religion mit ein, der unauflöslich mit geschichtlicher Erfahrung verbunden ist, ohne dabei zu starkes Gewicht auf die theologische Komponente zu legen. Wie wir noch sehen werden, enthält das Judentum eine komplexe Vielzahl von Elementen, die Gesetz, Ethik, Moral, Bräuche, Gottesdienst und Glauben umfassen.

In einem engen Sinn bezieht sich das Wort *Judentum* – wie die verwandten Wörter *Jude* und *jüdisch* – auf einen zeitlich genau festgelegten Zeitrahmen innerhalb der langen Geschichte des Volkes, der zur Zeit des Abschlusses der biblischen Schriften begann. Frühere Zeitalter kannten die zwölf Stämme Israels oder die beiden konkurrierenden Königreiche Juda und Israel. Dann verursachten eine Reihe von Eroberungen und Exilen eine neue Situation, in der nur noch ein kleiner Teil des ursprünglichen Volkes, angeführt vom alten Stamm Juda und ansässig im angestammten Gebiet (Judäa), sich in der Lage sah, seine religiöse und kulturelle Identität über Generationen hinweg zu bewahren. In der neueren Forschung und theologischen Literatur ist es üblich geworden, den Gebrauch des Wortes *Judentum* auf die Gestalt zu beschränken, die sich nach dem babylonischen Exil entwickelte, und so von der früheren *israelitischen* oder *hebräischen* Religion zu unterscheiden. Wir müssen allerdings dafür sorgen, daß diese terminologischen Gepflogenheiten nicht die Tatsache verdecken, daß das Judentum des Zeitalters des Zweiten Tempels (s.u.) keinesfalls etwas Neues und Eigenständiges ist, das ohne Verbindung zu ihr neben der Religion der hebräischen Bibel stünde.

Wenn es einen Begriff aus dem Vokabular des Judentums selbst gibt, der eine echte Alternative zum Wort *Judentum* darstellt, dann ist es zweifelsohne *Tora*. Von der ursprünglichen Bedeutung ‚Lehre' oder ‚Weisung' her entwickelte sich der Begriff zur Bezeichnung für die Schriften, die Gott dem Volk Israel durch Mose, den Größten der Propheten (oder Boten) Gottes offenbarte. Der Text dieser Offenbarung war in den Bänden aufgezeichnet, die die Juden als Tora bezeichnen und die wir auch als ‚die fünf Bücher Moses' (gr.: *Pentateuch*) kennen. Obgleich die Tora hauptsächlich aus Gesetzen und Geboten besteht, enthält sie doch auch andere Elemente, vor allem Geschichtserzählungen. Die Tora des Mose ist der heiligste und wichtigste Bestandteil der jüdischen Bibel, die noch zwei weitere Teile, die ‚Propheten' (hebr.: *nevi'im*) und die ‚Schriften' (hebr.: *ketuvim*) enthält. Diese hebräische Bibel nennen die Christen das Alte Testament (AT).

Nach der Ansicht, die sich mit der Zeit im Judentum als normativ durchgesetzt hat, steht neben den fünf Büchern der Tora eine mündliche Offenbarung, die ebenfalls authentischer und heiliger Teil der Offenbarungen an Mose ist. Als der Begriff der Mündlichen Tora zum ersten Mal verwendet wurde, bezog er sich auf die ehrwürdigen Traditionen der Vorväter, die sich über Generationen hinweg vererbt haben, und entwickelte sich dann zur Bezeichnung für alle zusätzlichen Aspekte der religiösen Lehre, darunter die den Weisen der verschiedenen Zeiten zugeschriebenen Taten und Lehren, die Auslegung biblischer Vorschriften usw. In diesem weiteren Sinne kann sich der Begriff *Tora* auf das ganze reiche Spektrum jüdischer Tradition, wie es sich im Laufe der Zeit entwickelt hat, beziehen. Das delikate Zusammenspiel von schriftlicher und mündlicher Tora wird ganz besonders deutlich werden, wenn wir den Versuch unternehmen, die jüdische Entwicklung von Jenseitsvorstellungen nachzuzeichnen.

Die für das Judentum charakteristische Unterordnung des Glaubensbekenntnisses unter das rechte Handeln erlaubte im Verlauf der Zeitalter eine überraschende Vielfalt von theologischen Ausdrucksformen, die oftmals als Antwort auf Anregungen von außen entstanden. Gemäß dem evolutiven, historischen Charakter des Judentums behandeln wir unser Thema in mehreren chronologischen Schritten.

Das Erste Reich (bis ca. 539 v. Chr.)[4]

In den Schriften der hebräischen Bibel finden sich, abgesehen von den jüngsten Schichten, keine religiös bedeutsamen Lehren über das Weiterleben des einzelnen nach dem Tode. Obgleich sich Stellen und Abschnitte finden lassen, die einen Schluß auf eine Lehre vom Leben nach dem Tod zulassen könnten, und andere, die in der Tat auf diese Weise von Juden späterer Generationen dahingehend interpretiert wurden, ist ihre Rolle im Gesamtkontext der biblischen Gedankenwelt eher klein.

Nehmen wir z. B. die Worte jener klassischen Propheten, die ihr Leben der Aufgabe widmeten, ihren Zeitgenossen den Eifer für Gott und die Tora einzuprägen. Hätten diese vorausgesetzt, daß die Toten in einer zukünftigen Welt gerichtet würden oder daß ihre geistliche Unsterblichkeit vom richtigen religiösen und moralischen Verhalten im gegenwärtigen Leben abhinge, gäbe es keine Erklärung, warum dieser Gedanke in ihren leidenschaftlichen Predigten nie auftaucht. Auch wird das Los eines weiteren Lebens nach dem Tod nie im Zusammenhang mit Sühneopfern genannt oder als der Grund für Reinigungsriten. Etliche Passagen der Tora enthalten erschreckende Listen von Flüchen, die auf Israel fallen sollen, wenn es nicht auf Gottes Wort hört. Unter diesen krassen Beschreibungen der Folgen des Ungehorsams lesen wir von Pest und Fieber, Niederlage und Eroberung, Hungersnot, Verlassenheit, Exil. Niemals jedoch begegnen wir einer Bemerkung über das Schicksal, das den Sünder nach seinem irdischen Leben erwartet. Selbst wenn die Tora ausdrücklich betont, daß die Gnade Gottes oder sein Zorn über die Lebensspanne des einzelnen hinausreicht, so geschieht dies durch ein Hineinreichen bis in das Leben der Nachkommen. Im guten wie im schlechten wird die Unsterblichkeit dadurch erreicht, daß Kontinuität über die Generationen fortbesteht, nicht aber durch eine übernatürliche Existenz in einem Jenseits.

Neben diesen sprechenden, aus dem Stillschweigen über die Sache erwachsenen Argumenten stehen allerdings in der hebräischen Bibel auch Texte, die einen anderen Eindruck vermitteln, die zumindest in einem begrenzten Sinne auf ein Leben nach dem Tod hinweisen. Im folgenden werden wir einige in diesem Sinne interpretierten Stellen betrachten.

Mehrfach ist in der Bibel die Rede davon, daß Verstorbene „zu den Vätern versammelt" werden oder „bei ihren Vätern schlafen". Diese Ausdrücke rufen Bilder von verstorbenen Vorfahren hervor, die irgendwo existieren und die Wiedervereinigung mit ihren gerade verstorbenen Nachkommen erwarten. Das könnte jedoch auch nichts weiter heißen, als daß diese „den Vorfahren in den Tod und das Grab folgen".

Ein ebenfalls häufiger biblischer Begriff für den Tod ist „in die *She'ol* hinabsteigen". Es ist allgemein Sitte geworden, diesen Begriff als „die Unterwelt" oder gar als „Hölle" zu übersetzen und den Ort als eine schattenhafte Versammlungsstätte körperloser Geister, ähnlich dem griechischen Hades, zu beschreiben.

Betrachten wir nun die Stellen, an denen sich das Wort *She'ol* findet, so entdecken wir kaum eine, eigentlich gar keine, bei der man nicht mit gutem Grund das Wort als ‚Grube' oder (im erweiterten Sinne) als ‚Grab', also als einen bildhaften anderen Ausdruck für ‚Tod', verstehen kann. In einigen Abschnitten bezeichnet *She'ol* Reiche der Unterwelt, die keine Beziehung zum Tod aufweisen. Selbst die Texte, die die *She'ol* als ein Schrecken erregendes zukünftiges Schicksal für die Bösen präsentieren, meinen damit nicht unbedingt mehr, als daß die Sünder einen frühen Tod herausfordern[5]. Frühere wissenschaftliche Versuche, eine etymologische Verbindung zum assyrischen Wort für den Ort, an dem sich die Geister der Toten aufhalten, zu finden, erwiesen sich als nicht haltbar, da sie von vorgefaßten Ideen und außertextlichen Überlegungen ausgingen[6].

Der zwingendste Beweis für einen biblischen Glauben an ein Leben nach dem Tod ist jene irritierende Geschichte, die in 1 Sam 28 erzählt wird, als der verzweifelte König Saul heimlich die „Hexe von Endor" aufsucht, die den Geist des verstorbenen Propheten Samuel ruft. Wenn wir diese Geschichte wörtlich nehmen, dann muß der Geist des Propheten Samuel sich in einem Ruhezustand befunden haben, bis seine Ruhe vom ängstlich-verzweifelten König der Israeliten gestört wurde. Aus der Erzählung wird nicht ganz deutlich, ob Samuel um die Ereignisses weiß, die Saul quälen, oder ob er nur seine Schlüsse aus den Informationen, die ihm Saul gibt, zieht und sich an Gottes Feindschaft gegenüber dem König erinnert.

Etliche Details lassen die Erzählerperspektive allerdings kritisch betrachten. Da Saul selbst den Propheten ja nicht sieht, sondern den Beschreibungen der Hexe vertrauen muß, legt sich die Vermutung nahe, daß sie für ihn einen Betrug inszeniert.

Die Formulierung ist aber so, daß tatsächlich Samuel die Worte spricht, die Saul hört. Manche wollen in dieser Erscheinung eine Vision erkennen, die Gott Saul in diesem Moment zukommen lassen will. Es ist gleichwohl wahrscheinlich, daß der Autor der Geschichte tatsächlich daran glaubte, daß die Seelen der Verstorbenen in einem Ruhezustand warten und von Nekromanten und anderen sterblichen Störenfrieden aufgeschreckt werden können.

Selbst wenn die Erweckung Samuels zu Endor einen weitverbreiteten Glauben an das Überleben des menschlichen Geistes belegte, so ist doch deutlich, daß ein solcher Glaube in der biblischen Gedankenwelt keine zentrale Stellung einnimmt. Yehezkel Kaufmann kennzeichnet die Sachlage so: „Daß der Geist eines Verstorbenen außerhalb des Körpers weiterlebt, ist Volksglaube, doch der biblische Glaube zieht aus diesem Gedanken keine besonderen religiösen oder moralischen Schlußfolgerungen."[7] Bestenfalls wird das Leben im Jenseits als eine naturgegebene Tatsache gesehen, die keine sichtbaren Konsequenzen für das moralische oder religiöse Verhalten hat. Der Tod bringt den einzelnen Gott nicht näher, auch werden im Jenseits keine ewigen Strafen oder Belohnungen vergeben. Weder die Riten noch Verhaltensvorschriften der Tora haben die Aufgabe, die Menschen auf ein Jenseits vorzubereiten.

In der modernen Wissenschaft geht man weitgehend davon aus, das die israelitische Volksreligion greifbarer und stärker das Leben der Seele in der Unterwelt postulierte. Im allgemeinen wird diese Ansicht dadurch untermauert, daß man Vergleiche mit den benachbarten Kulturen anstellt, Begräbnisriten aus archäologischen Funden rekonstruiert und darauf hinweist, wie heftig Hexerei von der Tora verdammt wird. Wenn solcher Glaube unter dem einfachen Volk so verbreitet war, bleibt es doch erstaunlich, daß er in der Bibel so wenig erwähnt wird. Im allgemeinen führen die Bibelwissenschaftler dies auf eine bewußte Redaktionspolitik der Vertreter der ‚offiziellen' Religion

Israels zurück, die den absoluten Wert des Lebens im Diesseits betonte und darauf bestand, daß die Menschen (sie selbst oder ihre Nachkommen) auf Erden den Lohn für ihre Taten erhalten[8]. Die vernünftigste Erklärung für diese Abneigung gegenüber Jenseitsvorstellungen scheint mir Kaufmanns zu sein, der darauf hinweist, daß diese im Nahen Osten unweigerlich mit der Vergöttlichung des Verstorbenen oder der Herrscher der Unterwelt verknüpft waren und so als mit dem prophetischen Ideal des Monotheismus unvereinbar erschienen.

Das babylonische Exil und das Zweite Reich (539 v. Chr. – 70 n. Chr.)[9]

Auf die Zeit der Stabilität folgten Wirren und eine nationale Katastrophe. Zunächst wurden die zehn Stämme des Nordreiches von den Assyrern erobert und in ein Exil geführt, aus dem sie nie mehr zurückkehren sollten. Dann überfiel Nebukadnezars babylonische Armee Judäa, zerstörte den Tempel Salomos und deportierte die Bevölkerung. Als jedoch Babylon von Persien besiegt wurde, entsprach ein Teil der Judäer dem Aufruf des Perserkönigs Kyros, kehrte nach Jerusalem zurück, baute den Tempel wieder auf und erneuerte das kulturelle und religiöse Leben.

Die harte Wirklichkeit des Alltags hatte nach und nach das Vertrauen des Volkes, daß in dieser Welt gerecht gelohnt wird, erschüttert. Die großen nationalen Katastrophen machten es noch schwerer, daran zu glauben, daß die Geschichte den angemessenen Lohn für Gerechte wie Ungerechte bereithält. Im Gegensatz zum früheren Glauben an eine die Generationen umspannende Verantwortung entwickelten die nachexilischen Propheten ein neues Bewußtsein um die Verantwortung des einzelnen. Jeremias und Ezechiel versicherten, daß der einzelne nur für seine eigenen schlechten Taten, nicht aber für die seiner Vorfahren, gerichtet wird. Ungefähr zur gleichen Zeit rang auch der Autor des Buches Hiob um die Frage nach dem unverdienten Leiden der Gerechten, wies alle falschen Verteidigungsargumente zurück, konnte Gottes unerforschliche Wege gleichwohl nicht ergründen. Auch wenn die schriftlichen Zeugnisse der Exilzeit und der ersten Phase des Zweiten Reiches davon Zeugnis ablegen, wie die traditionellen Erklärungsmuster infrage gestellt wurden, so gehen die Autoren in dieser Zeit jedoch nicht davon aus, daß die Ungerechtigkeiten in diesem Leben in einem Jenseits ‚geradegebogen' werden[10].

Wir besitzen fast keine schriftlichen Zeugnisse der jüdischen Gedankenwelt in der persischen Periode, von der Anfangszeit des Zweiten Reiches bis zur Begegnung mit dem Hellenismus im späten 4. Jahrhundert v. Chr. Sobald wir allerdings aus diesem ‚dunklen Zeitalter' der Geschichte heraustreten, ist eine ganz bestimmte Vorstellung vom Leben im Jenseits in den jüdischen Kreisen vorherrschend geworden: der Glaube an die leibliche Auferstehung der Toten. Der Ursprung dieses Gedankens verliert sich im Dunkel der Geschichte. Die meisten Historiker halten den Gedanken der Auferstehung und des Gerichts im Jenseits für eine Übernahme aus dem persischen Zoroastrismus in das Judentum[11]. Obwohl spätere Generationen glaubten, diesen Gedanken zur Vision Ezechiels von der Ebene voller ausgetrockneter Gebeine (37, 1–14) zurückverfolgen zu können, in der die Erweckung der leblosen Knochen die wunderbare Erlösung der zerstreuten und mutlosen Juden symbolisiert, so enthält dieser Abschnitt doch eher Beweismaterial dafür, daß der Glaube an eine leibliche Auferstehung nicht weitverbreitet war, denn als Gott Ezechiel fragt: „Können diese Gebeine wieder lebendig werden?" kann der Prophet keine klare Antwort geben – kaum die angemessene Reaktion, wenn die Auferstehung der normative Glaube wäre.

Jüdische Texte vom frühen zweiten Jahrhundert an, auch die Werke, die nicht auf sektiererische Kreise zurückgeführt werden, sprechen von der Auferstehung als dem letztlichen Los der Verstorbenen. Das Buch Daniel (entstanden unter dem Druck der Verfolgung durch Antiochus IV. Epiphanes, also etwa 165, verspricht: „Von denen, die im Lande des Staubes schlafen, werden viele erwachen, die einen zum ewigen Leben, die anderen zur Schmach, zu ewigem Abscheu" (Dan 12, 2–3). Der Autor des zweiten Makkabäerbuches, das vom erfolgreichen Aufstand der Juden gegen die hellenistischen Unterdrücker erzählt, berichtet von jüdischen Soldaten, die stellvertretend für ihre toten Kameraden zu Sühneopfern beitragen, da diese gestorben waren, als sie noch von Sünden befleckt waren. Ein Soldat wird sehr gelobt, weil er „sehr schön und edel handelt; denn er dachte an die Auferstehung" (2 Makk 12, 43). Der langwierige Rechtfertigungsversuch für diese Handlungsweise deutet darauf hin, daß die Idee einer Auferstehung noch strittig war.

Wir können nachfühlen, daß der Glaube an ein Leben nach dem Tod ein natürliches menschliches Bedürfnis nach Unsterblichkeit befriedigt und in Zeiten der Verfolgung (Makkabäer) Ansporn zum Märtyrertod sein kann oder (Daniel) das Szenario für ein gerechtes und endgültiges Gericht. Es ist jedoch nicht sofort einsichtig, warum diese Autoren den Gedanken einer *leiblichen* Auferstehung dem einer wie immer gearteten *geistlichen* Auferstehung vorziehen. Es ist wahrscheinlich gerechtfertigt, die breite Akzeptanz dieses Gedankens unter den Juden als Gegenreaktion auf die vorherrschende griechische Haltung, die die physische Existenz als der eigentlichen geistigen Berufung des Menschen entgegengesetzt abwertete[12]. Indem sie darauf bestanden, daß wir auch im Tode noch unseren Leib bewohnen werden, unterstrichen die Vertreter des Auferstehungsgedankens die grundsätzliche, wesentliche Heiligkeit der geschaffenen Materie – ganz im Einklang mit biblischem Denken. Und mehr: Obwohl man sich die verlängerte Existenz der Seele oder des Geistes als einen „natürlichen", vom Glauben an Gott unabhängigen Prozeß (ähnlich manch moderner parapsychologischer Theorie) vorstellen kann, so bleibt doch eine *Umkehrung* der Natur, etwa ein Wiedererstehen des verwesten Fleisches unvorstellbar, es sei denn durch direkte Intervention Gottes. Von einigen Seiten wurde behauptet, daß die Lehre von der Auferstehung des Leibes aufs engste mit endzeitlichen Visionen verknüpft war (s.u.)[13].

Die im ersten Jahrhundert n.Chr. entstandenen Quellen – darunter der Historiker Flavius Josephus, die christlichen Evangelien, jüdisch-rabbinische Traditionen – zeichnen die Frage einer Vorstellung des Lebens nach dem Tode ungewöhnlich übereinstimmend als einen Hauptstreitpunkt zwischen den drei Hauptströmungen (Lehren) des Judentums am Ende des Zweiten Reiches. Im bekannten Bericht des Josephus über die drei jüdischen Parteien lesen wir, daß die Pharisäer das ewige Leben der Seele predigten und behaupteten, daß die Toten „unter der Erde" gerichtet werden. Die Gerechten gehen in andere Körper über, während die Bösen auf ewig bestraft und zur „Gefangenschaft" verurteilt werden. Indem sie die Auferstehung für die Bösen ganz ablehnen, stellen sich die Pharisäer in Widerspruch zum Autor des Buches Daniel, für den das Gericht *nach* der Auferstehung stattfindet. Was nun die scheinbare These des Josephus betrifft, daß man es hier mit *Seelenwanderung* bzw. *Reinkarnation* (vielleicht in einem noch ungeborenen Körper) und weniger mit *Auferstehung* (einer neuen Form des alten Leibes) zu tun habe, so geht die Meinung vieler Gelehrter dahin, daß dem nicht allzuviel Bedeutung beizumessen ist, da Josephus häufig Formulierungen verwendet, die seiner griechischen Leserschaft vertrauter waren. Die zweite große jüdische Schule, die priesterlichen Sadduzäer, lehnten jeglichen Gedanken an ein Leben nach dem Tode und ein Gericht jenseits des Grabes vollkommen ab.

Diese unterschiedlichen Meinungen entsprechen ganz dem allgemeinen Charakter dieser beiden Gruppierungen. Die Sadduzäer, ‚Fundamentalisten', die keine religiöse Autorität außerhalb der Bibel anerkannten, setzten die biblische Linie der Ablehnung von Jenseitsvorstellungen fort. Auf der anderen Seite standen die Pharisäer, die sich durch ihre Ehrfurcht vor den Lehren der Vorfahren, die mündlich weitergegeben wurden, auszeichneten. Die Nachfolger der Pharisäer im talmudischen Zeitalter sollten dann eine Theologie formulieren, nach welcher solche Traditionen dem Mose auf dem Sinai offenbart wurden. (Tatsächlich war die Lehre von der Auferstehung erst in persischer Zeit in Umlauf gekommen.)

Die Beschreibung, die Josephus von der dritten jüdischen Gruppierung, den Essenern, gibt, stellt deren Lehre mit der der griechischen Philosophie gleich, insofern nämlich der Körper ein Gefängnis sei, das die Seele ein Leben lang festhält, bis der Tod für die tugendhaften Seelen als Befreiung kommt und sie ins Paradies „jenseits des Ozeans" gelangen. Wie auch bei der den Pharisäern zugeschriebenen Lehre, sind die solch seligem Geschick unwürdigen Seelen einer ewigen Qual anheimgestellt. Da wir keinen anderen Hinweis auf die Position der Essener zu dieser Frage besitzen, können wir nicht nachprüfen, inwieweit Josephus' Darstellung zutrifft. Allerdings dürfen wir auch hier wieder annehmen, daß er seinen Bericht hellenisiert hat. Interessanterweise scheinen unter den Qumran-Texten (den gewöhnlich den Essenern zugeschriebenen Schriftrollen vom Toten Meer) keine zu sein, die eine solche Vorstellung vom Jenseits widerspiegeln[14].

Andere Texte aus dem Zweiten Reich präsentieren uns eine komplexe Vielfalt von Meinungen zur menschlichen Unsterblichkeit und dem Weiterleben im Jenseits. Das vor-makkabäische Buch Jesus Sirach (Ecclesiasticus) enthält den konservativen, sadduzäischen Glauben, daß der Tod das Ende bedeutet. Der hellenisierte Philo von Alexandrien preist die Unsterblichkeit der Seele und des Geistes – aber nicht des verachteten physischen Leibes. Apokalyptische Autoren liefern detaillierte Beschreibungen der schrecklichen Strafen, die die Feinde Gottes erwarten. Jesus von Nazareth verteidigte die pharisäische Position (sicherlich auf seine ganz eigene Weise) gegen die sadduzäischen Gegner, und seine Jünger glaubten, daß Jesus selbst auferstanden war, obwohl es für die frühe Kirche nicht immer sicher war, welche Schlußfolgerungen aus diesem Glauben zu ziehen seien. Selbst Josephus unterscheidet nicht immer konsequent zwischen Auferstehung des Leibes und dem Überleben der Seele und ob diese Seelen im „Himmel" wohnen oder unter der Erde.

Die talmudische Perspektive (70–ca. 700)[15]

Der Große Aufstand gegen Rom gipfelte im Jahre 70 in der Zerstörung des hochgeschätzten Heiligtums des Judentums und der Auslöschung jeglicher politischen Autonomie für die Juden. Von den verschiedenen Sekten, die das jüdische Leben in der Endphase des Zweiten Reiches prägten, scheinen nur die Pharisäer die Katastrophe überdauert zu haben, und viele ihrer Gedanken wurden zum Gemeingut jüdischen Bewußtseins. Die religiösen Lehren der jüdischen Weisen (nun Rabbinen genannt) sollten schließlich in mehrere Sammlungen ungeschriebener Texte eingehen, unter denen die Mischnah, der Palästinensische und der Babylonische Talmud hervorragen sowie zahlreiche Interpretationen biblischer Texte (*Midrash*), die entweder gesetzlicher *(Halakha)* oder homiletischer *(Haggadah)* Natur waren.

Trotz der Abneigung der Rabbinen, verbindliche Glaubensbekenntnisse zu formulieren, zählt eine Passage in der Mischnah (Sanhedrin 10:1) diejenigen unter die Häretiker, „die die Auferstehung der Toten leugnen" und so ihren Platz in der zukünftigen Welt verlieren. „Die zukünftige Welt" war einer der vielen neuen Begriffe, die in die rabbinische Diskussion dieses Themas Einzug hielt. Ein Segensgebet, das Gott als den „Erwecker der Toten" preist, wurde in die tägliche jüdische Liturgie eingeführt.

Selten sind die theologischen Gedanken der Rabbinen systematisch formuliert worden, daher muß man die Details aus dem jeweiligen homiletischen oder exegetischen Kontext erschließen, in dem sie erscheinen. Da die rabbinische Literatur das Werk vieler ist und sechs Jahrhunderte in Babylon und dem Land Israel umfaßt, können wir nicht immer davon ausgehen, daß sich die in ihr bewahrten Kommentare leicht harmonisieren lassen. Einige Themen, die wir hier betrachten, scheinen aus gründlichen Erwägungen der theologischen Implikationen des Grundgedankens zu stammen, andere sind wahrscheinlich aus homiletischen Bedürfnissen entsprungen, wollen zu tugendhaftem Leben ermuntern; wieder andere waren wohl das Produkt reinen Volksglaubens.

Mag auch den Beschreibungen des Auferstehungsprozesses durch Josephus eine gewisse Ambivalenz anhaften, so sind sich die rabbinischen Texte doch ziemlich darüber einig, daß die Toten wieder ihren eigenen Leib erhalten sollen, keinen ungeborenen[16] oder bereits existierenden. Da einfache Beobachtung uns lehrt, daß dies nicht unmittelbar nach dem Tode geschieht, wurde dieses Ereignis naturgemäß einem unbestimmten zukünftigen Zeitpunkt zugeschrieben. Dies führte zur Integration des Auferstehungsgedankens in die komplizierte jüdische Sammlung von Glaubensvorstellungen über eine letztliche Erlösung und Wiederherstellung unter Führung des gesalbten Davidssohnes, des Messias. Die Toten wieder zum Leben zu führen, sah man als eines der vielen Wunder an, die in der erlösten Welt geschehen würden[17].

Rabbinische Quellen nennen das Ziel der Verstorbenen gern „die zukünftige Welt", im allgemeinen bezieht sich der Begriff auf das Stadium nach der messianischen Wiedererweckung[18]. Es stellte sich natürlich bald die Frage, was denn wohl mit den Seelen zwischen Tod und Auferstehung geschähe. Weitverbreitet war der Gedanke, daß die körperlosen Geister als Individuen in einer übernatürlichen Welt (s.u.) weiterleben, eine ganze Reihe von Texten wenden den Ausdruck „zukünftige Welt" auf den Ort an, den die Seelen unmittelbar nach ihrer Trennung vom Leib bewohnen[19].

Ohne den biblischen Gedanken von der göttlichen Vergeltung in diesem Leben ganz aufzugeben, erkannten die Rabbinen nach und nach, daß weder die Gerechten noch die Ungerechten in diesem Leben vollkommene Vergeltung erfahren. Das unbefriedigende Gefühl wurde in der Verfolgungszeit unter Hadrian (132–35) verstärkt, als Juden durch die Hand der Römer schreckliche Märtyrertode erlitten, eben weil sie ihrer Religion treu geblieben waren. Der Glaube an die göttliche Gerechtigkeit verlangte nach einem gerechteren Ausgleich der Konten für sowohl Märtyrer wie Folterer[20].

Die Literatur im Zweiten Reich hatte sich mit ähnlichen Fragen befaßt, und es entstand kein einheitliches Bild darüber, wann und wie das Gericht stattfinden würde. Die Diskrepanz zwischen Daniel und den Pharisäern bei Josephus darüber, ob auch die Ungerechten eine Auferstehung erfahren werden, wurde bereits erwähnt. In einer Reihe von Texten aus jener Periode stellt man sich eine Art von Scheidung und eine Bestrafung der Bösen, zumindest in vorläufiger Form, also noch im Grabe, vor[21]. Wenn die Mischnah den Häretikern und Sündern „Anteil an der zukünftigen Welt" verwehrt, scheint sie die Sicht des Josephus zu reflektieren, doch zeigen andere Quellentexte ganz unterschiedliche Annäherungen an das Thema.

In den rabbinischen Spekulationen über das Schicksal der Gerechten und der Sünder bewohnen erstere den „Garten Eden", wohingegen letztere in der ‚Dschehenna' Qualen erdulden. In der Bibel war der Garten Eden ein idyllisches Paradies, aus dem der erste Mann und die erste Frau, die Gott nicht gehorcht hatten, vertrieben wurden. Zwar können einige der rabbinischen Texte so interpretiert werden, daß sich der Begriff auf einen irdischen Ort bezieht, die meisten scheinen aber von einem ‚übernatürlichen' , ‚himmlischen' Paradies zu sprechen. Der Name Gehinom wird üblicherweise auf das ‚Tal (hebr. gej) von Ben Hinom' südlich von Jerusalem zurückgeführt, das im Ersten Reich wegen der dort stattfindenden kultischen Opferung von Kindern berüchtigt war[22]. Es überrascht nicht, daß die volkstümliche Vorstellungskraft greifbar drastische Beschreibungen beider Jenseitsorte entwickelte. Viel von dem Material, das sich heute in der rabbinischen Literatur finden läßt, hatte seinen Ursprungsort in den alten Synagogen – in diesem Zusammenhang stellten die lebhaften Beschreibungen von Paradies und Dschehenna überzeugenden Ansporn dar, das Gute zu tun und das Böse zu lassen.

Auch wenn die weiterentwickelten Vorstellungen den Rabbinen zum Leben nach dem Tod weiter oben als Verabschiedung von einer eigentlich biblischen Sicht dargestellt wurden, so sahen die Rabbinen selbst kein Auseinanderklaffen zwischen der Religion der Schrift und ihrer eigenen und wandten daher ihre exegetischen Künste (wie sie die hochentwickelte Methode des Midrash zeigt) an, um unter der Oberfläche biblischer Verse Hinweise auf ein Leben nach dem Tod zu finden. Solche Interpretationen wurden oft von Auseinandersetzungen mit abweichenden, häretischen Ideologien innerhalb des Judentums ausgelöst.

Der Glaube an eine leibliche Auferstehung hatte praktische Auswirkungen auf den Umgang mit den Leichen der Verstorbenen. Weil die leiblichen Überreste einst wieder zum Leben erweckt werden, dürfen sie nicht zerstört werden[23]. Deshalb wird das Begräbnis der einzige erlaubte Weg der Leichenbestattung, und ein angemessenes Begräbnis zu arrangieren, wurde als frommer Ausdruck der den Toten zustehenden Ehrerbietung angesehen.

Neben den im vorausgegangenen Abschnitt dargelegten Hauptthemen finden sich in der rabbinischen Literatur unzählige launige Spekulationen zu jedem vorstellbaren Aspekt des Jenseits. So werden auf den Seiten von Talmud und Midrash folgende Themen diskutiert: Wissen die Toten, was bei den Lebenden geschieht? Werden die Wiederauferweckten nackt oder bekleidet sein? Was wird mit denen geschehen, deren Körper verletzt oder verkrüppelt waren?

Mittelalterliches Judentum (ca. 700 bis ca. 1750)

In mancher Hinsicht beinhaltete das jüdische „Mittelalter" die Fortsetzung und Konsolidierung von in der talmudischen Zeit entwickelten Mustern. Zwei neue Interpretationen des Judentums entwickelten sich jedoch in dieser Zeitspanne, jede wiederum mit einer neuen Perspektive auf das Leben nach dem Tod.

Rationalismus[24]

Die Juden in den arabischen Ländern profitierten von der Wiederentdeckung des griechischen Erbes, die begann, als die muslimischen Eroberer Syriens sich mit syrischen Übersetzungen von Platon, Aristoteles und anderer konfrontiert sahen. Hier müssen wir uns mit einem Blick auf die einflußreichsten Formulierungen des mittelalterlichen jüdischen Rationalismus begnügen.

Einen begrenzten rationalistischen Einschlag kann man bei den ‚Theologen' entdecken, die die Vernunft zwar nicht als letztgültigen Gradmesser religiöser Wahrheit ansehen, aber doch als eine Hilfe, um im großen Wirrwarr der überlieferten Traditionen eine gewisse Ordnung zu schaffen. Dieses theologische Unterfangen erhielt in der islamischen Welt den Namen *Kalam*, der von modernen Gelehrten im allgemeinen auch auf die jüdische Entsprechung angewendet wird.

Ein wichtiger Vertreter dieser Richtung war im 10. Jahrhundert Rabbi Saadia *Ga'on*[25]. In seinem Buch der *Lehren und Meinungen* integrierte er die rabbinischen Jenseitsvorstellungen in einen breiteren theologischen Horizont, darunter die Frage nach den Gründen für die Erschaffung der Welt und des Menschen, nach dem freien Willen und der moralischen Verantwortung, nach der Natur der Seele, die Theodizeefrage und die Frage nach Gut und Böse. Saadia lieferte zusätzliche rationale Argumente für den überlieferten Glauben an ein Leben nach dem Tod (den er aus dem Fehlen der göttlichen Gerechtigkeit in dieser Welt ableitete) und an die Auferstehung. Wie viele Rationalisten verstand er die Bilder von Paradies und Hölle in den Midrashim als Metaphern für geistliche Befindlichkeiten. Der Zweideutigkeit des rabbinischen Gebrauchs des Begriffs ‚zukünftige Welt' bewußt, entschied er sich für ein metaphysisches statt für ein eschatologisches Verständnis und argumentierte dahingehend, daß die anfängliche Erweckung der Toten am Beginn des messianischen Zeitalters nur Israel umschließen wird, die Gerechten aller Nationen aber erst in der zukünftigen Welt erweckt werden.

In griechischer Tradition ist das vorherrschende Modell des Unsterblichkeitsdenkens aus der Ewigkeit abstrakter Ideen abgeleitet. Die Wahrheiten der Logik und Metaphysik werden ewig währen, weil sie gegenüber der Verweslichkeit des Leiblichen immun sind. Menschliche Wesen haben insofern Anteil an der Ewigkeit als sie in der Lage sind, abstrakte Wahrheiten zu betrachten. Die mittelalterlichen jüdischen Rationalisten übertragen das Konzept einer unpersönlichen Unsterblichkeit in die traditionelle rabbinische Bilderwelt.

In der Kosmologie der jüdischen Aristoteliker (beispielhaft im Werk des bedeutendsten Repräsentanten, des ägyptischen Gelehrten Moses Maimonides, dargestellt), füllt eine Folge von emanierenden „getrennten Intelligenzen", die reiner körperloser Geist sind, den Abstand zwischen Gott und unserer Welt. Diese werden gleichgesetzt mit den biblischen Engeln und den Himmelskörpern, die die Erde umkreisen. Ihre unterste Stufe bildet der ‚aktive Intellekt', die Kraft, die dem menschlichen Geist (der zunächst nur ‚potentieller Intellekt' ist) die Fähigkeit zum Denken universeller und abstrakter Ideen, die nicht einfach nur Ansammlungen von Sinneswahrnehmungen sind, verleiht. Der Einfluß des aktiven Intellekts auf den menschlichen Geist führt zum ‚erworbenen Intellekt', der der einzige Teil des menschlichen Wesens ist, der unsterblich bleibt. Da ‚Unsterblichkeit' gleichgesetzt wird mit der Teilhabe an der universalen Wahrheit, konnten sich die jüdischen Philosophen nicht darüber einigen, ob die Menschen ihre Individualität behalten oder in einen kosmischen Intellekt eingehen[26].

Diese Konzeption ist weit entfernt von traditionellem biblischen und rabbinischen Gedankengut. Die Unsterblichkeit hängt hier eher von rationaler, nicht moralischer Vollkommenheit ab. Bestenfalls dienen Moral und Leben nach der Tora als ein Mittel zum Zweck, die intellektuellen Ziele zu erreichen, indem sie die materiellen Bedingungen zum Philosophieren schaffen oder den Geist so weit disziplinieren, daß er von den ‚körperlichen Gelüsten' nicht mehr abgelenkt wird. Letztlich bleibt sie jedoch das Ideal einer Elite und kann nur von denjenigen erlangt werden, die die notwendige intellektuelle Begabung und Ausbildung besitzen. Einige jüdische Philosophen versuchten, diesen Einwand zu entkräften, indem sie bemerkten, daß das Befolgen der Toravorschriften das pädagogisch wirksamste Mittel darstellt, eine große Anzahl von Menschen auf den angemessenen intellektuellen Stand zu bringen. Die ‚Dreizehn Glaubensartikel' des Maimonides nennen die unterste Intellektstufe, die auch den weniger Begabten zugänglich ist.

In ihrer Abscheu vor allem Körperlichen und Vergänglichen begaben sich die Rationalisten in Widerspruch zum traditionellen Glauben an die Auferstehung des Leibes. Wenngleich Maimonides den Glauben an die Auferstehung unter die verpflichtenden jüdischen Lehren zählte, verdächtigten ihn doch einige seiner Zeitgenossen der Heuchelei, so daß er eigens eine Abhandlung verfaßte, um seine Treue zur Lehre zu demonstrieren. Es bleibt jedoch offensichtlich, daß die Auferstehung im Denken des Maimonides bestenfalls einen Randplatz einnahm: sie wird im messianischen Zeitalter geschehen, doch die wiedererweckten Personen werden eines natürlichen Todes sterben und danach in der nicht-leiblichen zukünftigen Welt wahrhaft geistliche Freuden genießen[27].

Die Kabbalah[28]

Die als Kabbalah bekannte esoterische Theosophie baute auf einer ganz eigenen Lehre von zehn Wirkungskräften, den *Sefirot,* auf, die als Vermittler zwischen dem nicht erkennbaren Gott und der geschaffenen Welt wirken. In der Kabbalah verschmelzen spekulative Theologie, strikte religiöse Observanz und neue Methoden der Schriftauslegung zu einer komplexen mystischen Neuformulierung traditionellen Judentums. Die wichtigste literarische Schöpfung der Kabbalah ist das *Buch Zohar,* eine pseudepigraphische Sammlung von Predigten zur Bibel, die im späten 13. Jahrhundert von Rabbi Moses de Leon aus Guadalajara verfaßt worden sein soll. Zu den wichtigsten kabbalistischen Untergruppierungen gehört der Kreis um Rabbi Isaac Luria in Safed (im 16. Jahrhundert) und die chassidische Bewegung, die im Osteuropa des späten 18. Jahrhunderts entstand.

Die Kabbalisten unterschieden wenigstens drei verschiedene Bestandteile der menschlichen Seele[29]. Mit dieser Psychologie kann sie einige der Widersprüche bei älteren Jenseitsvorstellungen lösen. Demnach erduldet nur die niedrigste, die animalische Seele *(nefesh)* im Grabe Strafe. Der Geist *(ruach)* wird schließlich in den ‚irdischen Garten Eden' eingelassen, wonach die unbefleckte Seele *(neshamah),* die ihren Ursprungsort in den Sefirot und der universalen Seele des ursprünglichen Adam hat, schließlich zu ihrer göttlichen Quelle in den ‚himmlischen Garten Eden' zurückkehrt. In den radikaleren Ausprägungen dieser Lehre wurde die *neshamah* als ein Teil Gottes angesehen, der zu ihm zurückkehrt. Hier stellt sich die Frage, ob die Seelen im Jenseits ihren individuellen Charakter behalten.

Die Kabbalah war die einzige jüdische Lehre, nach der die Seelenwanderung *(gilgul)*[30] zur normativen Lehre vom Leben nach dem Tod gehörte, wobei dieser Gedanke oft mit einem Glauben an die Präexistenz der Seelen verbunden wird. Eine weitverbreitete Theorie sprach vom Gewand aus guten Taten, das jede Seele sich weben muß, um es überzuwerfen, wenn sie schließlich in die Gegenwart Gottes eintritt. Frühe Kabbalisten sahen in der Metempsychose eine Strafe oder eine zweite Chance zur Wiedergutmachung gewisser Verfehlungen (besonders sexueller Art). Spätere Quellen behandeln sie jedoch als einen normalen Prozeß, der nicht notwendigerweise auf einen menschlichen Körper eingeschränkt ist. Verschiedene Autoren äußeren unterschiedliche Meinungen, z. B. darüber wie viele Reinkarnationen eine Person erleben kann oder warum es eine Strafe sowohl durch Reinkarnation wie durch die Feuer der Dschehenna geben muß.

Verschiedene Motive von einer Seelenwanderung enthalten den Glauben, daß eine dahingeschiedene Seele in eine lebende Person eintreten, sie durchdringen kann, um eine bestimmte Aufgabe zu erfüllen. Der kabbalistische Volksglaube sprach oft von Besessenheit (*dibbuk*) durch sündige Geister, die ihr Recht auf eine erlösende Seelenwanderung verloren hatten.

Das moderne Judentum (seit etwa 1750)[31]

Seit die Juden in den Gesellschaften Europas Gleichberechtigung erhielten und daher den jeweiligen geistigen Zeitströmungen stärker ausgesetzt waren, zeichnete sich jüdische Theologie weniger durch Entwicklung neuer origineller Ideen aus als durch den unterschiedlich starken Widerstand bzw. die unterschiedlich starke Übernahme fremden (vor allem christlichen) Gedankenguts.

Die Annahme der Lehre von der leiblichen Auferweckung ist auch heute noch ein Erkennungsmerkmal traditionellen (‚orthodoxen') Judentums, das durch das Bekenntnis im täglichen Gottesdienst verstärkt wird. Gewöhnlich wird die Lehre des Talmud in ihren klassischen mittelalterlichen Formulierungen interpretiert, seien sie philosophischer (besonders auf Maimonides zurückgehend) oder seien sie kabbalistischer Natur (die

Lehren des Issak Luria haben weiterhin starken Einfluß auf die chassidische Bewegung und in den jüdischen Gemeinden des Orients).

Die jüdische Reformbewegung, die sich im 18. und 19. Jahrhundert in Zentral- und Westeuropa entwickelte, bekannte sich sowohl zu einer Ablehnung der rabbinischen Autoritäten wie zur Entschlossenheit, sich den sozialen Gegebenheiten und dem kulturellen Klima des modernen Europa anzupassen. Aus beiden Perspektiven war der wörtliche Glaube an eine Auferstehung inakzeptabel. Der liberale Protestantismus, der oft im Namen einer universalistischen Aufklärung sprach, zog die Modellvorstellung von einer geistlichen Unsterblichkeit vor – und viele ‚aufgeklärte' und liberale Juden teilten die Überzeugung, daß die Unsterblichkeit der Seele sich rational aufzeigen läßt[32].

Im nicht-orthodoxen religiösen Diskurs des 20. Jahrhunderts fehlt die Diskussion über das Leben nach dem Tod nahezu ganz, da dieser sich fast gänzlich auf die absolute Konzentration auf diese Welt als den Ort der Begegnung mit dem Göttlichen, auf den Bund zwischen Gott und Israel und auf die Verpflichtung, der Menschheit zu dienen, festgelegt hat[33]. Selbst Franz Rosenzweig (1886–1929), dessen Theologie auf die Herausforderung durch die menschliche Sterblichkeit reagierte, sah die Ewigkeit als die religiöse Dimension des *Lebens* an, nicht als einen Seinszustand im Jenseits. Ähnlich erscheinen die wichtigsten theologischen Reaktionen auf den Holocaust, wie z.B. Elie Wiesel, Emil Fackenheim, Richard Rubinstein u.a. Sie formulieren treffender und schmerzlicher, gerade weil sie zögern, auf eine übernatürliche Strafe in einer zukünftigen Welt zu verweisen.

2
Das Christentum

Terence Penelhum

Das Christentum steht unter den Weltreligionen aufgrund der Natur seiner Aussagen über seinen Stifter als einzigartig dar. Dieser wird nicht einfach als Lehrer oder als Beispiel betrachtet, sondern als jemand, dessen Leben und Sterben Bedeutung für den gesamten Kosmos hat und der Schlüssel zur Heilung der schlimmsten Übel im menschlichen Dasein ist. Die zentralen Lehren des Christentums sind Versuche, dieser Bedeutung Ausdruck zu verleihen. Da das Christentum in eine Welt trat, die zutiefst von griechischem Denken geprägt war, das seine feinsten Ausdrucksformen bereits gefunden hatte, nahm es von den Ideen dieser Kultur viel auf, auch wenn seine Beziehung dazu ambivalent war und ist[34]. Typisch dafür sind die christlichen Lehren über das Leben im Jenseits.

Die Ursprünge des Christentums

Die Bewegung des Christentums begann, als Jesus in Galiläa predigte: „Das Reich Gottes ist nahe, kehrt um und glaubt an das Evangelium." Die Sprache dieser Botschaft war den jüdischen Zuhörern vertraut: Das Reich – die Herrschaft – Gottes war etwas, nach dem sie sich Jahr um Jahr während der fremden (mittlerweile römischen) Herrschaft gesehnt hatten, und sie erwarteten dadurch einen vollkommenen Wandel ihrer Lebensumstände, den Gott bewirken würde, wahrscheinlich auf ganz plötzliche und dramatische Weise. Jesus verkündete nun, daß dies Ereignis bevorstand und seine Hörer sich darauf vorbereiten sollten, indem sie ihr Leben radikal änderten, um sich so auf ihr Leben im Reich Gottes einzustellen. Diese Botschaft war an und für sich noch keine andere als z. B. die der Pharisäer, was er aber über die Eintrittsbedingungen in das Reich sagte, unterschied ihn von diesen.

Zunächst, so sagte er, sollten die eintreten, von denen man es am wenigsten erwartete. Das Reich ist nicht für die Reichen, sondern für die Armen. Es ist nicht für die Schriftgelehrten und Lehrer, sondern für die Einfältigen und die Kinder. Es ist nicht für die, die sich gewissenhaft bemüht haben, rechtschaffen zu bleiben, sondern für die Steuereintreiber und die Prostituierten, denen die Gerechten aus dem Weg gingen. Der Eintritt kommt den in den Seligpreisungen der Bergpredigt Genannten zu. Das heißt aber nicht, daß die Forderungen, die die Herrschaft Gottes stellt, leicht zu erfüllen seien. Im Gegenteil: Die Ethik des Gottesreiches ist viel strenger als die des jüdischen Gesetzes. Es reicht nicht aus, keine sexuellen Beziehungen mit der Frau des Nachbarn zu haben, man darf sie sich nicht einmal wünschen. Es reicht nicht aus, keinen Mord zu begehen, du darfst nicht einmal hassen. Das Reich ist für die, die ein reines Herz haben. Was das Reich fordert, ist eine innere Erneuerung. Wenn man diese erreicht hat, wird man, um es in einem Satz auszudrücken, aus der Liebe zu Gott und zu den Nächsten handeln und sich nicht um das Befolgen von Regeln kümmern.

Aus Liebe zu handeln heißt, für das Wohl der anderen sorgen, ohne nach deren Verdienst zu fragen. Den besitzt ohnehin keiner von uns Menschen. Das Reich Gottes ist kein Reich, in welchem die Menschen das erhalten, was sie verdienen, sondern wo sie sich einander gegenüber so verhalten, als spiele Leistung keine Rolle. Das Gebot, einander zu vergeben, ist nur eine einfache Anwendung dieses Prinzips. Die Bewohner des Reiches müssen sich nicht voreinander schützen. Das Problem mit den Menschen, die immer irgendwelchen Regeln gefolgt sind, ist, daß sie dies aus Selbstschutz getan haben und um unter die Gerechten gezählt zu werden.

Hier nun ist ein Einwand fällig. Aus Liebe zu handeln, heißt, mich einem großen Risiko auszusetzen. Warum sollte ich das tun? Die Antwort ist, daß ich es tun soll, weil auch Gott mich auf diese Weise behandelt. Gott überschüttet mich mit Wohltaten, ohne auf meine Verdienste zu achten, deshalb soll auch ich genauso handeln. Hier ist ein zweiter Einwand fällig. Das mag für Gott ja alles schön und gut sein, aber eben nur in der Welt Gottes. Wenn ich so handle, werde ich wahrscheinlich betrogen, übergangen, verletzt oder getötet. Wie kann ich meine Furcht vor all dem überwinden? Ja, warum sollte ich sie überwinden wollen? Ist die Ethik des Gottesreiches nicht utopisch und unklug?

Die Antwort lautet: Nein. Wenn man wirklich glaubt, daß man Gottes Kind ist, wird man das Vertrauen aufbringen, daß Gott für alles sorgen wird, dann wird man nicht ängstlich sein müssen. Wenn man dies nicht glaubt, ist Nächstenliebe tatsächlich närrisch und gefährlich. Glaubt man es aber, vertraut man Gott, dann ist man fähig, alle Ängste beiseite zu schieben und aus Liebe zu handeln.

Das heißt, will man auf das Kommen des Reiches vorbereitet sein, muß man *jetzt* so zu denken, fühlen und handeln lernen, als sei es schon angebrochen. Und dann genau wird es, paradoxerweise, anbrechen. Zumindest der Kern der Gottesherrschaft wird erkennbar sein. Deshalb finden wir so oft die Aussagen, wonach das Reich nicht kommen wird, sondern schon da ist. Die Gemeinschaft Christi und seiner Jünger ist der Kern, der, aus Gottes Willen, wachsen wird wie der Senfsamen.

Diese Merkmale der frühen Verkündigung Jesu offenbaren etwas, was für ein Verständnis der Rolle, die das Weiterleben nach dem Tod in der christlichen Tradition spielen sollte, wesentlich ist. Die ethische Lehre Jesu hat für ihre Hörer einen Kontext in dem Glauben, daß Gott in ihrem Leben Macht hat und ihre Welt verwandeln will und daß die Hörer der Botschaft sich Gott zuwenden müssen und ohne Vorbehalt so handeln, wie er es will. Die Anforderungen der Gegenwart sind also auf eine Weise ausgedrückt, die gerade wegen der Zukunftserwartungen Sinn macht. Wenn man diese Erwartung nicht teilt, sind die Forderungen hoffnungslos idealistisch und psychologisch unmöglich erfüllbar. Es besteht eine wesentliche Verbindung zwischen der Ethik Jesu und seiner Eschatologie.

Nur von Jesu Predigt über den unmittelbar bevorstehenden Anbruch des Reiches Gottes zu reden, hieße allerdings, wichtige Aspekte der christlichen Lehre über die Bedeutung seines Lebens auszusparen. Aus den Evangeliumstexten wird deutlich, daß Jesus selbst bei dieser Verkündigung für sich eine ganz besondere Autorität reklamierte, ein Recht, für Gott zu sprechen und die jüdische Tradition, in der er stand, neu zu interpretieren. Es wird auch deutlich, daß sein Anspruch auf Widerspruch und Ablehnungen bei den von ihm herausgeforderten Autoritäten stieß. Ob sein Selbstverständnis sich langsam entwickelte oder nicht, es bleibt klar, daß er irgendwann begann, von sich als jemandem zu sprechen, der eine zentrale Rolle für seine Jünger spielt nicht nur bei der Vorbereitung auf das Kommen der Gottesherrschaft, sondern auch bei deren tatsächlichem Anbruch in ihrer endgültigen Form. Er scheint das Urteil seiner Jünger akzeptiert zu haben, daß er in der Tat der Messias war, der Gesalbte, den die meisten Juden erwarteten, um sie zu befreien. Doch sah er seine Rolle nicht als die eines politischen Siegers, sondern eher im Leiden und Sterben. Also ging er hinauf nach Jerusalem, wo er sich auf eine Reihe von Konfrontationen mit den jüdischen Autoritäten einließ, die zu seiner Verhaftung und Hinrichtung führten. Die Evangelien zeichnen diese Hinrichtung als Justizmord, bei welchem die jüdischen Autoritäten ihn den Römern als politischen Revolutionär hinstellten. Die Passionserzählungen im Neuen Testament machen es überdeutlich, daß Jesus diesem gänzlich unnötigen politisch motivierten Tod nicht zu entkommen suchte, sondern ihn als das von Gott für ihn bestimmte Los annahm.

Die Gefolgsleute Jesu versteckten sich. Doch nur kurze Zeit danach erscheinen sie wieder mit Macht und behaupten, daß er von den Toten auferstanden sei, daß er ihnen erschienen sei und ihnen die Macht verliehen habe, ihn als den Messias und Herrn zu verkünden, und daß er wiederkommen würde in Herrlichkeit, um das Gottesreich zu vollenden. Die Gemeinschaft, die sie bildeten, verbreitete sich in Windeseile und wurde mit der Zeit zu der Kirche, die wir nun kennen. Die Lehren dieser Kirche sind Versuche, der Welt die ganze Wucht und Bedeutung all dieser Ereignisse deutlich zu machen.

Die Entwicklung der christlichen Lehre

Die bei weitem einflußreichsten Formulierungen der christlichen Lehren finden sich in den Schriften des Paulus, eines Pharisäers, der anfangs die christliche Gemeinde verfolgte, dann aber auf dramatische Weise zu ihr bekehrt und ihr wichtigster Missionar und erster Theologe wurde. Seine Briefe, die deutlich vor den Evangelien geschrieben wurden, sind zutiefst kontroverse Dokumente, welche die Bedeutung des Christus (griechisch für Messias) angesichts von Herausforderungen und Mißverständnissen herausstellen. Seither hat die paulinische Theologie die Grenzen der christlichen Orthodoxie definiert.

Paulus predigte den Heiden (= Nichtjuden), und unter seinem Einfluß hörte das Christentum auf, nur eine jüdische Sekte zu sein, und machte seine Ansprüche universal geltend. Der Opfertod Jesu war das Mittel zur Erlösung aller Menschen. Paulus sieht ihn allerdings immer noch in den Grenzen der alttestamentlichen Anthropologie. Wir alle befinden uns im Stande der Verderbnis oder Sünde, die durch unsere frühesten Vorfahren, Adam und Eva, die Gott nicht gehorchten, in die Welt kam. Wir alle haben ihren Hang zur Auflehnung geerbt, und die ererbte innere Verderbnis ist auch die Quelle für die äußerliche Verderbnis, d. h. den Tod. Wir sind in der Lage, unsere Sündhaftigkeit zu erkennen, und wir mögen wohl den Wunsch nach Besserung und Rückkehr zu Gott haben; doch besitzen wir nicht die innere Kraft, aus uns heraus den Wandel zu schaffen. Die Aufgabe Christi ist es, uns mit Gott zu versöhnen und uns dazu zu ermächtigen. Anders als unser Tod war der seine nicht die Folge der Sünde, er war vollkommen unverdient. Indem er ihn von den Toten erweckte, verkündete Gott, daß denen, die bereuen und Christus annehmen, vergeben wird. Dies wird sie nicht vor dem Tode bewahren, aber ihnen die Sicherheit geben, daß sie so wie Christus erweckt und vor dem Verfall bewahrt werden.

Dies ist das Herzstück aller christlichen Theologie. Danach repräsentiert die Kirche in einer ‚Zwischenzeit' das Reich Gottes und blickt der Zeit entgegen, wenn Gottes Reich sich vollenden wird. Diese Vervollkommnung bringt in der Sicht des Paulus und seiner Nachfolger die Auferstehung der Toten mit sich – und dies wird uns durch die Auferstehung Christi garantiert. Die frühen Kirchenväter, die diese Heilsbotschaft meditierten und sorgsam darauf achteten, keine fremden Interpretationsversuche in sie hineinzulesen, zogen daraus zwei Lehren, die von allen Christen seither als grundlegend und orthodox anerkannt werden: die Lehre von der Menschwerdung (daß nur einer, der sowohl Mensch als auch Gott war, das Erlösungsopfer Christi vollbringen konnte) und die Lehre von der Dreifaltigkeit (wonach die Verbindung zwischen Gott, dem Vater, der Schöpfer ist, Gott, dem Sohn, der Erlöser ist, und Gott, dem Heiligen Geist, der Kraft und Heiligung schenkt, eine ewige in Einheit und Verschiedenheit ist). Über die ungeheuren Probleme, die diese Lehre aufwirft, kann in unserem Zusammenhang nicht ausführlich gehandelt werden, doch soll dieses Herzstück der christlichen Verkündigung im Zusammenhang mit dem Glauben an ein Leben nach dem Tod betrachtet werden.

Jüdischer und christlicher Jenseitsglaube

Da es sich bei den ersten Christen um Juden handelte, war auch ihr Verständnis von Jesu Leben und Sterben durch ihr jüdisches Erbe bestimmt. Es wird oft behauptet, die religiöse Tradition Israels konzentriere sich auf das Verhältnis Gottes mit dem ganzen Volk und lege wenig Augenmerk auf ein solches Thema, wie es das Weiterleben des einzelnen ist. Das stimmt sicher, nimmt man aber die religiöse Gedankenwelt der Juden zur Zeit Jesu, so muß diese Aussage etwas modifiziert werden. Das frühe bzw. klassische Judentum betrachtete den Tod als das Ende jeder bedeutungsvollen Lebensform bzw. Beziehung zu Gott. Die Toten wurden nicht als völlig ausgelöscht gesehen, sondern gingen vielmehr in eine Unterwelt, die She'ol ein. Die Bewohner der She'ol wurden *rephaim* genannt, wir übersetzen das vielleicht am besten mit ‚Schatten'. Ihr Leben ist dunkel, lethargisch und nicht beneidenswert; von der Fülle des Lebens, wie sie die erfahren, die noch in ihrem Körper sind, sind sie abgeschnitten. Doch Dunkelheit und Lethargie sind nicht dasselbe wie Nichtexistenz; man stellte sich die *rephaim* wohl in der Tat als irgendwie identisch mit den Individuen, deren geistige Überreste sie sind, vor.

Noch zwei Aspekte hebräischen Denkens über das Jenseits sind hier wichtig. Der erste ist das Entstehen der Erwartung, daß eine Person unmittelbar nach dem Tode gerichtet wird und ihr Geist sich entweder zu denen gesellen wird, die gerettet und für das ewige Glück bestimmt sind, oder zu den Verdammten. Wer diese Vorstellung hatte, sah in der She'ol nicht den Wohnort aller Geister, sondern nur der Verdammten – aus ihr wurde also die Dschehenna, ein Ort der Qualen und des Feuers. Diese Jenseitsvorstellung finden wir in der bekannten Geschichte vom reichen Prasser und vom armen Lazarus (Lk 16, 19–31).

Der zweite Aspekt, der sich bis zur neutestamentlichen Zeit zeigte und die jüdische Gemeinschaft teilte, war die Auferstehungserwartung. Dazu finden sich nur wenige Belegstellen im Alten Testament; die offensichtlichsten sind Jes 16, 19 und Dan 12, 2. Daneben finden sich Texte aus der ‚zwischentestamentlichen' Zeit wie das Buch Henoch, die die zukünftige Auferstehung lehren. Die Texte sprechen davon, daß die, die in der Erde schlafen, erweckt werden, und zumindest Jesaja sieht für die Zukunft ganz klar eine leibliche *Auferstehung* der Erweckten voraus. Mit dieser Erwartung verband sich die Hoffnung und Vision einer letztlichen Erlösung und Wiederherstellung des Gottesvolkes. Sie basierte auf dem Glauben, daß die gerechten Toten ins Leben zurückgeführt werden, um teilzuhaben am wiederhergestellten Königreich.

Die verschiedenen Lehren passen nicht gut und leicht zusammen, und sicherlich waren sie Grund für erbitterte Kontroversen unter den Juden selbst. Die Sadduzäer lehnten jeglichen Glauben an ein zukünftiges Leben ab. Die Pharisäer nahmen den Glauben an die Auferstehung an. Jesus stand hier ganz klar auf seiten der letzteren. Es wird von ihm berichtet, daß er die Sadduzäer zurückwies (Mk 12, 18–27). Es werden von ihm weiterhin Worte berichtet, die die Wirklichkeit eines anderen Lebens nach dem Tod voraussetzen, eines Lebens, in dem die Toten durch eine Art Gericht geschieden werden (vgl. Lk 16, 19–31; 23, 39–43).

Das Herzstück christlichen Jenseitsglaubens

Unsere erste und wichtigste Quelle sind die paulinischen Briefe, die vor den Auferstehungsberichten der vier Evangelien verfaßt wurden. Ihr Verfasser erhebt den Anspruch, Zeuge der Erscheinungen Jesu gewesen zu sein. Paulus liefert die bei weitem ausführlichsten Aussagen in der christlichen Schrift über das, was die Gläubigen erhoffen dürfen. Der längste und wichtigste dieser Texte ist 1 Korinther 15.

Paulus scheint diesen Brief als Antwort auf Anfragen einiger

Christen in Korinth geschrieben zu haben, die Zweifel hegten, ob es eine Auferstehung geben könne. Vielleicht waren sie von griechischer Philosophie beeinflußt. Welchen Grund sie auch gehabt haben mögen, Paulus sagt gleich zu Beginn seiner Aussagen deutlich, daß die Auferstehung das Herzstück seiner Verkündigung ist. Die Erlösung, die die Christen erben, ist die Folge der Tatsache, daß Jesus von den Toten auferweckt wurde, die wiederum auch die Auferweckung der Gläubigen nach sich zieht. Ohne *beides* bliebe der Glaube und „die in Christus Entschlafenen (wären) dann verloren" (v.18)[35]. Christus wurde erweckt, und Paulus zitiert eine ganze Reihe von öffentlichen nachösterlichen Erscheinungen, bei denen Jesus seinen Jüngern begegnet ist. Die letzte dieser Erscheinungen, so schreibt er, widerfuhr ihm selbst. Die Leser verstehen dies als eine Anspielung auf sein dramatisches Bekehrungserlebnis auf der Straße nach Damaskus. Er beschreibt den auferstandenen Christus als den „Ersten unter den Entschlafenen" (v. 20). Darauf folgen die berühmten dramatischen Sätze: „Denn wie in Adam alle sterben, so werden in Christus alle lebendig gemacht werden. Es gibt aber eine bestimmte Reihenfolge: Erster ist Christus; dann folgen, wenn Christus kommt, alle, die zu ihm gehören. Danach kommt das Ende, wenn er jede Macht, Gewalt und Kraft vernichtet hat und seine Herrschaft Gott, dem Vater, übergibt. Denn er muß herrschen, bis Gott ihm alle Feinde unter die Füße gelegt hat. Der letzte Feind, der entmachtet wird, ist der Tod" (vv. 22–26).

Christus wird also wiederkehren, und wenn dies geschieht, wird er die erwecken, die zu ihm gehören, und alles wird ihm unterworfen sein. Paulus wendet sich dann der nur natürlichen Frage zu, welche Art von Leib die von den Toten Erweckten denn haben werden. Er sagt zunächst, daß dies eine törichte Frage sei. Auf gewisse Weise beantwortet er sie dann aber doch. Nachdem er zunächst betont, daß aller Same, der in die Erde gelegt wird, ‚sterben' muß, um dann in welcher von Gott für ihn vorherbestimmten Form geerntet zu werden, spricht er dann davon, daß auf den irdischen Leib, der gestorben ist, ein, wie er es nennt, ‚überirdischer' folgen wird.

Sehr viel ist schon darüber geschrieben worden, wie wir diesen Gedanken vom überirdischen Leib, griechisch *soma pneumatikon* verstehen können. Wem nicht daran gelegen ist, diesen überirdischen Leib tatsächlich als *Leib* zu verstehen, legt viel Wert auf die Tatsache, daß Paulus auch betont (v.50), daß Fleisch und Blut das Reich Gottes nicht erben können. Doch ist das Wort, das Paulus hier gebraucht – *sarx* – nicht das gleiche wie das Wort für Leib – *soma*. Paulus benutzt *sarx*, Fleisch, als ein Symbol für die verwesliche menschliche Natur, die wir von Adam geerbt haben; diese verwesliche Natur kann in der Tat das Reich nicht erben. Daraus folgt jedoch nicht, daß diejenigen, die das Reich erben, keinen Leib haben, sondern nur, daß sie keinen verweslichen Leib haben werden. Meiner Ansicht nach bezeichnet *soma pneumatikon* nicht einen Geist, sondern einen unverweslichen Leib, den Leib einer Person, die vor dem Verfall erlöst wurde. Dieser Leib, so Paulus, wird Herrlichkeit und Kraft besitzen und mit Unsterblichkeit bekleidet sein. Das heißt aber nicht, daß dieser Leib räumlich, dreidimensional oder materieller Natur sein wird. Dies ist nicht nur die nächstliegende Interpretation der Worte des Paulus, sondern auch das, was die Glaubensbekenntnisse der Kirche festschreiben, in denen die Gläubigen verkünden, daß sie an die Auferstehung *des Leibes* glauben.

Die Briefe des Paulus sind Gelegenheitsschriften, keine systematischen theologischen Abhandlungen. Es gibt also viele Fragen, denen er sich nicht zuwendet oder die er nur kurz, im Vorübergehen, anspricht. Die erste dieser Fragen ist: *Wer* wird erweckt werden? Wenn die Antwort lautet, alle, heißt das dann, das alle gerettet werden? Wenn darauf die Antwort nein lautet, was wird dann aus den anderen? Die zweite Frage ist: Wenn die Auferstehung, von der Paulus spricht, ein zukünftiges Ereignis ist, was haben wir dann zwischen unserem Tod und diesem Ereignis zu erwarten? Eine dritte Frage lautet: Was ist mit all den Leben, die zu früh endeten, oder die von der christlichen Botschaft nichts hören konnten oder die auf sonst eine Weise den Prozeß, der zu Umkehr und Annahme durch Gott führt, nicht vollenden konnten?

Paulus sagt, daß so wie in Adam alle sterben, in Christus alle leben werden. Zweifellos ist es möglich, dies dahingehend auszulegen, daß das Opfer Christi an sich alle erlöst – und im christlichen Denken hat es eine solche universalistische Schule immer gegeben. Sie war allerdings immer eine Mindermeinung, da sie im Gegensatz zur grundlegenden Richtung christlicher Theologie zu stehen scheint, wonach jeder Mensch vor die Wahl gestellt wird, den Weg zur Erlösung zu akzeptieren oder zu verwerfen. Üblicherweise wird Paulus daher in dem Sinne interpretiert, daß alle, die in Christus sind, d. h. also alle, die ihn angenommen haben, das Leben erhalten werden, nicht aber dahingehend, daß alle (mögen sie ihn akzeptiert haben oder nicht) erlöst werden. Dann stellt sich die Frage: Werden auch die nicht zur Erlösung Bestimmten auferweckt werden?

Die Wahl besteht hier zwischen der Annahme, daß ihr Schicksal schlichtweg Auslöschung sein wird oder daß sie erweckt werden, um Verdammung zu erfahren. Offensichtlich hat letztere Sicht das christliche Denken in der Geschichte stark bestimmt. Es hat Gestalt angenommen in Darstellungen des Jüngsten Gerichts, bei dem die Geretteten und die Verdammten getrennt und in verschiedene Richtungen geschickt werden. Ihre Bestimmungsorte hat man sich sowohl in krasser wie in ganz subtiler Weise ausgemalt. Zweifelsohne sind die subtileren Bilder teilweise ein Versuch, sich nicht zu sehr auf die Kosmologie des ersten Jahrhunderts zu stützen, in welchem die christlichen Erwartungen zum ersten Male formuliert wurden. Diese Zeit ging von einem ‚dreistöckigen' Universum aus, mit dem Himmel oben, der Erde in der Mitte und der Hölle darunter. Man sah das Drama der Erlösung so, als sei der Sohn Gottes vom Himmel hinuntergestiegen, habe für eine Weile auf der

Erde gelebt, sei gekreuzigt worden und in die Unterwelt hinabgestiegen, dann wieder erhoben worden, um noch einmal für eine Weile auf der Erde gesehen zu werden, von der er schließlich auffuhr und auf die er wieder zurückkehren wird in Herrlichkeit am Ende der Zeiten. Das moderne naturwissenschaftliche Verständnis von der Natur des Kosmos schließt uns für immer aus diesem dreistöckigen Universum aus – so wie auch aus den interessanten, aber doch physikalisch nicht greifbaren Welten, die Dante und Milton beschreiben.

Es ist auch klar, daß die Autoren des Neuen Testaments, darunter Paulus, daran glaubten, daß die Rückkehr Christi unmittelbar bevorstehe. Und so finden wir bei Paulus (1 Thess 4) Aussagen darüber, wie die noch Lebenden sich bei Christi zweitem Kommen verhalten würden, und die ihnen versichern, daß die schon gestorben seien, dann auferstehen würden. Mit dem Vergehen der Jahre trat die Naherwartung in den Hintergrund und das Interesse wandte sich nun eher dem Zwischenzustand zwischen Tod und Auferstehung zu. Es machte sich wieder vorchristlicher Glaube breit, daß jeder einzelne im Tode gerichtet würde, um dann bei Gott zu sein oder ganz von ihm abgeschnitten. Zusammen mit der Erwartung einer endgültigen Auferstehung ist dies in ganz bestimmter Weise zu sehen. Man muß davon ausgehen, daß nach dem Tode das Individuum auf körperlose oder entkörperlichte Art weiterlebt, und daß jede Person beim Letzten Gericht wieder den Körper zurückerhalten wird, den sie beim Tod verließ, oder aber einen anderen. Wenn die Person also im Tode gerichtet wird, dann hat sich hier die Vorstellung von zwei Gerichten entwickelt, dem individuellen im Tode und dem folgenden universellen, dem Gericht über die Völker am Ende der Zeiten. Dies nun ist eine unbequeme Kombination, denn es gäbe ja eigentlich keinen Raum für zwei verschiedene Urteilssprüche über denselben Menschen, ohne daß der eine nur eine Farce wäre. Es überrascht daher nicht, wenn viele Christen angenommen haben, daß man im Tode unverzüglich entweder in den Himmel oder in die

Hölle geschickt wird – ohne einen Zwischenzustand und wahrscheinlich ohne Leib.

Ein Merkmal ist typisch für all diese Erwartungen: Mögen die Toten ihr letztes Ziel nun sofort erreichen oder nur nach einer Zwischenzeit, bestimmt wird dieses Ziel davon, ob sie sich zu Lebzeiten das Opfer Christi zu eigen gemacht haben. Es scheint in der christlichen Erwartung keinen Platz für eine geistliche Neuorientierung *nach* dem Tode zu geben.

Diese letzte Aussage muß auf zweierlei Weise modifiziert werden. Es gibt zum einen den schon lange währenden Versuch, die Frage nach dem Schicksal derer, die vor Christi Kommen gestorben sind, zu beantworten. Der erste Petrusbrief sagt, daß Christus zu „den Geistern gegangen ist, die im Gefängnis waren, und hat ihnen gepredigt" (1 Petr 3, 19). Die aus diesem Text resultierende Tradition verkündet, daß Christus zwischen seinem Tod und seiner Auferstehung zu denen hinabstieg und sprach, die vor seinem Kommen gestorben sind. Eine andere Lehre, die eine Modifizierung des Anspruchs, daß das Schicksal eines jeden im Augenblick des Todes schon entschieden ist, ist die katholische Lehre vom Fegefeuer. Nach dieser Lehre müssen diejenigen eine Periode der Reinigung oder des erlösenden Leidens durchmachen, die nun in einem Zwischenstadium sind, die vor dem Tode zwar keine Todsünde begangen haben, aber für leichtere Sünden nicht genug Buße geleistet haben. Wichtig ist, daß man nicht vergißt, daß diese Lehre einen doppelten Urteilsspruch voraussetzt, insofern als die Leiden des Fegefeuers nur für diejenigen sind, deren Sünden vergeben werden können und sollen. Die Lehre stellt keine grundsätzliche Abweichung vom Glauben dar, daß Erlösung oder Verdammung im wesentlichen zum Zeitpunkt des Todes bereits bestimmt sind. Protestanten lehnen diese Lehre dennoch weiterhin ab, obgleich sie seit jeher Teil der katholischen und orthodoxen Tradition war.

Wesentliche Elemente des christlichen Jenseitsglaubens

Zunächst ist festzuhalten, daß der Glaube, *daß* es ein Jenseits gibt, für die Christen wesentlich ist. Immer wieder einmal argumentieren manche Autoren, die sich zu den Christen zählen, daß der christliche Glaube dieser Lehre nicht notwendig bedürfe oder diese sogar seinem Wesen entgegenstehe[36]. Gemäß solcher Argumentation werden die christlichen Erlösungsansprüche so verstanden, daß sie Änderung der Persönlichkeit in diesem Leben seien. Doch kann die Verwandlung, die für die Christen ihr neues Leben bedeutet, nicht unbedingt hier und jetzt zur Gänze wahrgenommen werden. Sie ist immer ein wenig Versprechen. Die Besserung, die man in einem ‚erlösten' Menschen beobachtet, wird als Teil eines Prozesses verstanden, der noch nicht erschöpft ist. Wenn sich dieses Versprechen eines beständigen Wandels nicht einlösen ließe – wenn es kein Jenseits gäbe –, wäre all die christliche Rede über Erlösung, ewiges Leben, Reinigung usw. ganz einfach utopisch und falsch. Wenn sie aber wahr ist, dann ist das Jenseits eine Notwendigkeit, nicht nur eine dogmatische Verzierung.

Daraus folgt aber nun nicht, daß diejenigen, die diese christlichen Lehren annehmen, auch jegliche Einzelheit darüber, was uns im Jenseits erwartet, akzeptieren müssen. Zwei Punkte an der ursprünglichen christlichen Botschaft können wir heute, so scheint mir, nicht mehr hinnehmen. Der erste ist das ‚dreigeschossige' Universum. Selbst die naturwissenschaftlich nicht so sehr Gebildeten unter uns wissen, daß die Erde, auf der wir leben, nicht zwischen einem Himmel über uns und einer nur über das Grab zu betretenden Unterwelt eingebettet liegt. Das beweist zwar nicht, daß es keinen Himmel und keine Hölle (oder sonst einen Wohnort der Geister) gibt, aber es beweist, daß, sollte es solche Reiche geben, diese nicht als wörtlich ‚über uns' und ‚unter uns' verstanden werden dürfen. Daraus folgt, daß der lukanische Bericht von der leiblichen Auffahrt nicht wörtlich genommen werden darf.

Und noch etwas aus der traditionellen christlichen Überlieferung muß aufgegeben werden: Wir wissen, daß unsere Erde unvergleichlich viel älter ist, als die ersten Christen glaubten und daß unsere Spezies ziemlich spät auf ihr erschien, lange nach vielen anderen Arten – und lange nachdem viele unserer Vorfahren den Kampf ums Überleben der Spezies verloren hatten. Man mag den Evolutionsprozeß verstehen, wie man will, eines ist allen klar: Das Überleben des Stärkeren zieht den Untergang des Schwächeren mit sich. Daraus lernen wir etwas Grundsätzliches über die natürliche Welt, deren Teil wir sind: Die schöpferischen Prozesse, die zu allen uns bekannten Arten geführt haben, enthalten den Tod nicht als eine abartige Verirrung, die durch das Böse in die Welt kam, sondern als unverzichtbares und wesentliches Mittel der Selektion. Paulus hat nicht recht, wenn er sagt, daß die Sterblichkeit an und für sich durch Adam in die Welt kam. Daraus folgt nun nicht, daß Christus den Tod nicht in einem lebendigen Sinne besiegen wird bzw. besiegt hat; aber das heißt, daß der Tod von den Christen nicht als ein Fluch an und für sich betrachtet werden darf.

Ich denke auch, daß die Christen – vergleichbar den Gelehrten – unterschiedliche Ansichten haben dürfen über die nachösterlichen Erscheinungsgeschichten in den vier Evangelien. Diese Erzählungen scheinen später entstanden zu sein als die paulinischen Aussagen über die Erscheinungen Jesu, mit denen sie auch nicht sehr konform gehen. Auch sind sie untereinander ja nicht sehr stimmig. So wenig radikal es ist, davon auszugehen, daß die Christen nicht alle Details der matthäischen und lukanischen Geburtsgeschichte als historische Fakten ansehen müssen, so sehr erscheint es mir sinnvoll und möglich, daß Christen viele Details dieser nachösterlichen Erzählungen in Zweifel ziehen, wie z. B. den Engel am Grabe[37].

Dies nun führt uns zu einem weiteren und grundsätzlicheren Punkt in der Debatte. Wenn man 1 Kor 15 mit den Erzählungen in den Evangelien, insbesondere mit Lukas, vergleicht, springt ins Auge, daß sich Paulus einer gänzlich vom Visuellen bestimmten Rede bedient und immer wieder betont, daß Christus von den Genannten *gesehen* wurde, wohingegen die Evangelienberichte viel mehr das Element des Berührens, das Dreidimensionale in den Vordergrund stellen und uns berichten, daß Jesus mit seinen Jüngern aß, daß die Frauen seine Füße umfaßten und daß Thomas seine Hände und seine Seite berühren sollte. Es scheint fast so, als würden einige dieser Einzelheiten so betont, um den Leser darauf hinzuweisen, daß die Auferstehung wirklich eine *leibliche* war.

Wenn Christen legitimerweise die Verläßlichkeit der Evangelienerzählung anzweifeln dürfen, dann ist es doch wohl ebenso legitim zu diskutieren, inwieweit die Auferstehung Jesu – und die zukünftige Auferstehung, auf die seine Nachfolger hoffen – als eine leibliche verstanden werden muß. Gerade so wie es eine Diskussion darüber gibt, wie wir die Auferstehungsberichte zu verstehen haben, gibt es eine Diskussion darüber, wie die paulinischen Voraussagen über das, was bei der Auferstehung der Toten geschehen wird, zu verstehen sind. Ist der *soma pneumatikon* tatsächlich ein *Leib*? Anders als bei Oscar Cullmann u.v.a. ist die Antwort bei Paul Gooch auf diese Frage negativ[38]. Mir persönlich scheint eine ‚leibliche' Interpretation des paulinischen Textes das Natürlichere zu sein und steht auch mehr im Einklang mit den Aussagen der Evangelien, wenngleich diese auch sonst schwer mit Paulus in Einklang zu bringen sind.

Kommen wir zu einem weiteren wichtigen Feld, in dem die Meinungen der Christen auseinandergehen, nämlich der Frage nach dem Zwischenaufenthalt der Toten. Was ist der Zustand derjenigen, die schon tot, aber noch nicht auferstanden sind? Paulus spricht von ihnen als Schlafenden und auch von seiner eigenen Sehnsucht, einstmals bei Gott zu sein und nicht in dieser Welt zu bleiben. In dem Maße, wie die Naherwartung wich, wurde es Brauch, den Übergang zur Seligkeit oder Verdammung als unmittelbar anzusehen und die Lehre des Paulus so zu interpretieren, als bezöge sie sich symbolisch auf eine individuelle, nicht auf eine allgemeine Erlösung und ebensolches Gericht. Während es mir klar erscheint, wie diese Texte auf die natürlichste Art zu verstehen sind und wie nur eine Interpretation zu allen Texten paßt, scheinen mir aber auch unterschiedliche Meinungen zu diesen Fragen durchaus in Ordnung zu sein.

Philosophische Schwierigkeiten in der christlichen Sicht

Die philosophischen Schwierigkeiten in der christlichen Sichtweise sind sehr groß. Hier kann nur angedeutet werden, wo sie liegen und inwieweit christlicher Jenseitsglaube angesichts dieser Schwierigkeiten aufrechterhalten werden kann.

Wenn man Ungläubige fragt, warum sie den Glauben an ein Jenseits ablehnen, so betonen sie wahrscheinlich, daß die geistigen Fähigkeiten und bewußten Gedanken des Menschen vom Gehirn und vom Nervensystem abhängen. Eine Antwort auf diesen Einwand (auch meine) ist folgende: Die grundlegende Lehre der Christen über das Leben nach dem Tod ist die Lehre von der Auferstehung. Diese beinhaltet, daß wir nach dem Tod *in einem Leib* leben werden. Also spielt es keine große Rolle, daß die Wissenschaft und die allgemeine Erfahrung uns zeigen, wie sehr geistiges Leben von unserer leiblichen Beschaffenheit abhängt.

Christen, die auf diese Weise argumentieren, fahren gewöhnlich fort, indem sie betonen, daß der mit der physischen Basis der Persönlichkeit unvereinbare Glaube nicht derjenige an eine Auferstehung ist, sondern der weitaus anders geartete Glaube an die Unsterblichkeit einer immateriellen Seele. Letzterer findet seinen klarsten und autoritativsten Ausdruck nicht in der hebräischen oder christlichen Schrift, sondern in einem Dialog Platons, dem *Phaidon*. Die platonische Sicht der menschlichen Persönlichkeit läßt sich in der Tat schwer mit der Überzeugung in Einklang bringen, wonach die menschliche Persönlichkeit aus physikalischen und biologischen Gegebenheiten entspringt und ohne sie nicht bestehen könnte. Christen, so die Argumentation, muß dies nicht bekümmern, da dies nicht das Menschenbild ist, das sie in ihrer Heiligen Schrift finden[39].

Wenn wir uns dieser Argumentation anschließen, müssen wir gewisse Konsequenzen ziehen. Es kommt zunächst zu bedeutsamen Implikationen für den Zwischenzustand zwischen Tod und Auferstehung. Wenn wir glauben, daß es keine menschliche Persönlichkeit ohne die Basis eines physikalischen Organismus geben kann, müssen wir schließen, daß es überhaupt keinen Zwischenzustand geben kann, daß die Toten aufhören zu existieren, bis sie regelrecht wiedererschaffen bzw. wiederhergestellt werden am Jüngsten Tag. Alternativ dazu könnte man sagen, daß wir fortleben, jedoch unmittelbar in einem Auferstehungsleib, den wir sofort ‚erben', selbst wenn unser früherer irdischer Leib im Grabe liegt. Auf jeden Fall werden bei beiden Möglichkeiten unzählige sekundäre Texte zu diesem Thema gegenstandslos.

Es besteht noch eine weitere Schwierigkeit, die von vielen christlichen Denkern ignoriert wurde und, wird sie einmal in Erwägung gezogen, gerne als frivol abgetan wird. Ich halte letzteres für ungerechtfertigt. Wenn jeder von uns (oder jeder, der gerettet wird) in der Zukunft in einem Leib leben soll, der durch einen besonderen Akt Gottes hervorgerufen wird und herrlicher als der sündige und kranke verstorbene Leib ist, wie kann man von dieser zukünftigen Person dann noch als von unserem Selbst sprechen? Sicher wird auf uns dann höchstens ein Replikat, ein Duplikat folgen, nicht aber wir selbst?

Dies mag manchem als Haarspalterei vorkommen, doch mit einer solchen Einschätzung löst sich das Problem noch nicht. Natürlich gibt es einen offensichtlichen Ausweg. Der liegt darin, daß es ein identitätsbewahrendes Etwas zwischen Tod und Auferstehung gibt, nämlich die Seele oder den Geist. Die Seele lebt nach dem Tod weiter und kehrt in den Körper – oder einen anderen, verwandelten Körper – zurück, bewahrt aber unsere Identität in der Zwischenzeit. Man kann dies annehmen, ohne wie Platon den körperlosen Zustand als den natürlichen anzusehen. Das ist dann nur das Stadium, in dem wir weiterleben, wenn diese Phase des Lebens vorüber ist.

Dies steht in recht gutem Einklang mit allen Texten und scheint die Schwierigkeiten, die das Problem des Replikats aufwirft, zu lösen. Aber hier finden sich wieder eigene Probleme. Zunächst: Verstehen wir, was das heißt, ohne einen Körper weiter zu leben? Ein körperloses Wesen kann nichts tun, wozu es eines Körpers bedarf. Eine solche Person könnte nicht gehen, laufen, sitzen, reden, singen, lächeln, lachen, weinen, winken oder die Hand reichen. Daraus folgt unmittelbar, daß ein solches Wesen nicht sichtbar, berührbar, hörbar sein kann. Also könnte es wohl auch keinem anderen Wesen begegnen oder gar mit uns kommunizieren. Viele, die an ein Leben nach dem Tod glauben, meinen, daß sie an die Trennung der Seele vom Körper glauben. Tatsächlich aber schreiben sie den Seelen der Weiterlebenden physische Eigenschaften zu, die zu der Annahme, daß sie keinen Körper haben, im Widerspruch stehen.

Das Kernproblem mit der Existenz eines körperlosen Geistes aber ist, daß die Identität nach dem Tode nicht wirklich gewährleistet ist. Viele Philosophen haben darauf hingewiesen, daß unser Verständnis von der Identität der Person durch die Zeit aufs engste mit dem körperlichen Weiterbestand verknüpft ist. Unser geistiges Leben ist einem fortwährenden rapiden Wandel unterworfen. Und doch schreiben wir alle diese Wandlungen derselben Person zu. Wenn wir nach der Rechtfertigung dafür fragen, liegt die Antwort auf der Hand, daß alle Wandlungen durch denselben physischen Organismus verbunden sind. Dieser wandelt sich auch im Laufe der Jahre, aber doch sehr viel langsamer; er bleibt auf eine Weise beständig, wie es unser Geist nicht sein kann. Es scheint also eine Schwierigkeit bezüglich der Identität nicht körperlicher oder körperloser Geister zu bestehen: Wie können wir sie als durch die Zeit hindurch identisch denken?

Ich halte diese philosophischen Bedenken für sehr ernster Art. Sie erschweren den Glauben an einen körperlosen Geist als Träger der persönlichen Identität nach dem Tode. Ich neige eher dazu, mich dem Problem des Replikats zu stellen und die Lehre von der Auferstehung in ihrer harschesten Form zu vertreten, statt sie mit dem Glauben an körperlosen Geist zu vermischen.

Es bleibt aber wahr, daß diese Koppelung notwendig erscheint, wollen wir den Inhalt und die Implikationen aller biblischen Texte, die eine Lehre über das Jenseits enthalten, bewahren[40]. Dies nun konfrontiert uns mit der großen Frage, wie weit Christen verpflichtet sind, jedes Detail biblischer Texte zu vertreten. Es wird nicht überraschen, wenn wir hier enden müssen. Dieses Feld muß hier unerforscht bleiben.

3
Der Islam

Hanna Kassis

„Jede Seele soll den Tod schmecken, und ihr sollt nun euren Lohn empfangen am Tag der Auferstehung; und wer da dem Feuer entnommen und ins Paradies geführt wird, der soll glückselig sein. Und das irdische Leben ist nur ein trügerischer Nießbrauch" (Koran 3, 185).

„Nur er bleibt"

Meine erste Begegnung als Nicht-Muslim mit den grundlegenden Lehren des Islam erfolgte anläßlich einer Beerdigung. Ich muß zwischen sieben und neun Jahren alt gewesen sein, als ich mich in Begleitung meines Vaters der Menge am Rande eines Trauerzugs anschloß, der sich durch die Hauptstraße der palästinensischen Stadt Gaza wand. Jemand, der für die Gemeinde wichtig gewesen war, war gestorben. Ich erinnere mich nicht an seinen Namen noch an die Umstände seines Todes. Mir war bewußt, daß es sich um einen Muslim handelte, denn die Beerdigung ging durch die Moschee, nicht eine Kirche. Ich erinnere mich, daß in der Menge von Männern und Kindern, die den Straßenrand säumte, während der Trauerzug seinen Weg von der Moschee zum Friedhof machte, großes Schweigen herrschte und eine Atmosphäre der Ehrfurcht und der Zuneigung. Noch beeindruckender aber war das Geräusch im Hintergrund. In einem Beweise ökumenischen Geistes (lange bevor dies zu einem Modewort wurde) läuteten die Kirchenglocken immer drei Schläge und wurden dann abgelöst von einem gesungenen Ruf vom Minarett einer benachbarten Moschee *subḥānahu a wāhid ul-ḥayy du-dā'im ulladhī lā yamūt* („Preis ihm, dem Einen, dem Ewig-lebenden, dem Ewigen, der niemals stirbt"). Als der Trauerzug vorbeizog, winkte mein Vater mit der Hand, so wie auch andere, und wiederholte mit Tränen, wobei er aus dem Islam etwas entlieht: *Huwa al-bāqī* („Nur er bleibt"). In diesem Augenblick der Trauer, lag das Gewicht nicht so sehr beim Verstorbenen, sondern bei „dem einen, der niemals stirbt". Das Persönliche machte dem Ewigen Raum.

Jede Diskussion islamischer Institutionen muß mit einer erneuten Darlegung der grundlegenden Glaubenslehren, insoweit sie sich auf das Thema beziehen, beginnen. Gott (Allāh) allein ist Gott, es gibt keinen anderen; alles Sichtbare und Unsichtbare ist Gottes Schöpfung, und alles Geschaffene wird vergehen. Der Tod *(mawt)*[41] ist keine Strafe, sondern das natürliche Ende des Lebens. Gott allein bleibt ewig, und Gott bestimmt sowohl den Tod als auch das Leben.

Wie alle religiösen Traditionen bewahrt auch der Islam Spuren älterer Glaubenslehren und -praktiken in bezug auf Tod und Begräbnis, doch seine Sicht des Lebens, Todes und Jenseits stellte einen vollkommenen Bruch mit der vorislamischen Vergangenheit dar. Im Zeitalter, das dem Islam auf der arabischen Halbinsel (der Geburtsstätte des Islam) vorausging und das als *jāhilīyah*, Zeitalter der Unwissenheit, bezeichnet wird, nahm man an, daß der Kosmos zwei ganz verschiedene Teile umfaßte. Der erste war die unbelebte physische Welt, die den Wechselfällen der Zeit und des Alters nicht unterworfen war und als beständig, unvergänglich angesehen wurde. Im Gegensatz dazu war der zweite Teil des Kosmos, die belebte Welt, vergänglich. Atem und Blut wurden als die Lebenselemente betrachtet, die die belebte Welt in Gang hielten. Wenn nur eines von beiden aufhörte, trat der Tod ein. Atemstillstand bedeutete einen natürlichen Tod; den Tod als Resultat von Blutvergießen betrachtete man als unnatürlich und rief nach Vergeltung.

Ohne diese würde die Seele des Toten rastlos in der Wüste wandern bis zur Rache.

Wie auch in anderen Gesellschaften des Ostens – den biblischen oder auch den vorbiblischen – stellte die Totenbestattung für die vorislamischen Araber ein wichtiges Ritual dar. Sie markierte den Übergang von einer Existenzform in eine andere, vom Land der Lebenden in den Abgrund der Toten. Nicht viel anders als im Falle eines ungerächten Mordes beraubte eine nicht erfolgte Bestattung der Leiche die Seele des Toten ihrer ewigen Ruhe. Folglich umgaben ausgefeilte Rituale die Totenbestattung. Wichtig in diesem Zusammenhang war nicht so sehr die Bedeutung des einzelnen, sondern die Ehre des Stammes, dem der Verstorbene angehört hatte. Im Falle eines ungerächten Mordes war die Ehre des Stammes befleckt, bis die Vergeltung erfolgt war. Wenn ein Leichnam nicht bestattet wurde, konnte nur die Erfüllung aller Bestattungsriten die Stammesehre wiederherstellen. Die Stammesehre aufrechtzuerhalten, war wichtiger, als das Leben des Individuums zu bewahren.

Der Islam änderte all dies radikal. Sowohl die belebte Welt (die der Tiere und Menschen) wie auch die unbelebte (physische) Welt unterstehen Gottes Herrschaft. Nach dem Islam ist die scheinbare Beständigkeit der physischen Welt ein Irrtum, auch sie fällt unter die Unbeständigkeit aller Dinge und Wesen. In einer Sprache, die die früheren Lehren über die physische Welt umkehrt, stellt der Koran unzweideutig fest: „Und die Berge, die du für fest hältst, wirst du wie die Wolken dahingehen sehen: das Werk Allāhs, der alle Dinge ordnet!“[42] An einer der lyrischeren Stellen des Koran wird derselbe Gedanke mit der Bestätigung, daß nur Gott ewig ist, ausgedrückt: „Alle auf der Erde sind vergänglich / Aber es bleibt das Angesicht deines Herrn voll Majestät und Ehre.“[43]

Als Ideal wurden die Stämme nun von der *ummah*, der umfassenden Gemeinschaft der Gläubigen, ersetzt. Das Individuum erschien nun als einzigartige Schöpfung Gottes, das

Treue und Unterwerfung letztlich nur Gott schuldete. Alles Leben selbst kam aus Gott, nicht aus den Lenden des Vaters oder dem Leib der Mutter, die nur Instrumente des schöpferischen Aktes Gottes darstellten. Also gehört der einzelne nun Gott, nicht, wie man bislang glaubte, dem Stamm, und er gehört der brüderlichen oder schwesterlichen Gemeinschaft der *ummah* an, was alle Stammes- (oder Nationen-)zugehörigkeit übersteigt. Als Geschenk Gottes ist das Leben des einzelnen heilig und von Gottes Gesetz geschützt. Sein Sinn ist es, Gott zu gefallen *(marḍāt Allāh)* und bei Gott Frieden zu finden, nicht aber, die Bedürfnisse des Stammes zu erfüllen. Jeder Muslim ist zutiefst bewegt, wenn er diese Koranverse rezitiert: „Sprich: ‚Siehe, mein Gebet, meine Verehrung und mein Leben und mein Tod gehören Allāh, dem Herrn der Welten."[44] Deshalb ist es der erste Sinn des Lebens, auf den Wegen Gottes zu wandeln, Gottes Weisungen treu zu bleiben und sich Gottes Wohlgefallen zu versichern. Dem steht die vorislamische Sicht entgegen, wonach es der Sinn des Lebens war, die Ehre des Stammes und das Überleben der Gruppe zu sichern.

Gleichermaßen wurde der Tod nicht mehr als ein zerstörerischer Akt von Zeit und Alter betrachtet. Der muslimische Glaube ist vielmehr, daß Gott – und nur Gott – die Lebensspanne jedes lebendigen Wesens bestimmt und zur von ihm bestimmten Zeit das Leben eines jeden zur Vollendung führt. Ähnlich wie das Judentum und das Christentum lehrt auch der Islam, daß es Gott ist, der gibt und der nimmt. Gemäß einer von al-Bukhari[45] bewahrten Tradition, tröstete der Prophet eine seiner Töchter, als sie einen Sohn verloren hatte, indem er sprach: „Gott hat genommen, was Ihm gehört, so wie Er gegeben hat, was Sein war; alles geschieht so, wie Er es bestimmt hat." Diese Tradition steht in Einklang mit dem Koran, der sagt: „Siehe, wir sind Allāhs, und siehe, zu Ihm kehren wir heim."[46]

Der Glaube, daß Gott die Dauer eines Erdenlebens bestimmt, spiegelt sich in dem Vokabular, das mit dem Tod in Zusammenhang steht, wie z.B. dem Nomen *wafat* (wörtlich: Erfüllung, Vollendung), dem Verb (in der Passivform) *tuwuffiya* („man wurde zur Vollendung geführt") oder der Aussage *tawaffāhu Allāh* („Gott hat das Leben zur Vollendung geführt"). Diese Erfüllung oder Vollendung bringt die Begegnung mit Gott näher in der Hoffnung, daß man Gottes Segen empfangen und den Zugang zum Paradies verdient haben wird.

Für die Araber der vorislamischen Zeit war der Tod ein Bereich, in den man hinüberging, den man bewohnte am Ende des Erdenlebens. Er war ein Zustand unbelebter Starre, ganz im Gegensatz zur belebten Existenz. Im Gegensatz dazu ist der Tod im Islam nicht so sehr Lebensende, sondern ein Übergang vom Erdenleben (*al-hayāt al-dunyā*, „das niedere Leben"), das vergänglich ist (*dār al-fanā'*, „die Stätte der Vergänglichkeit"), zum Danach *(al-ākhirah)*, wo ewiges Leben herrscht (*dar al-baqā*, „die Stätte des Bleibens"). Und während für die Araber der vorislamischen Zeit die Reiche des Lebens und des Todes von verschiedenen Göttern regiert wurden[47], ist nach dem Islam Gott der alleinige Herrscher über beide Reiche.

„Hier bin ich, Herr": Vorbereitung und Bestattung der Toten

Obwohl der Koran über Bestattungen nichts sagt, wandten sich die muslimischen Gelehrten in dieser Frage den Traditionen zu und entwickelten ganz minutiöse Regeln für alle Einzelheiten der Totenbestattung. Die Aufgabe, diese Einzelheiten zu formulieren, fiel einer bestimmten Gruppe von Gelehrten zu, der *fiqh* (religiöse Rechtsschulen). Deren Schlußfolgerungen hingen nicht nur von der Kreativität des jeweiligen Gelehrten ab, sondern auch von der Sekte *(sunnī oder shī'ah)*[48] oder juristischen Gruppierung, der er angehörte, ab[49].

Es wäre äußerst unpraktisch, wollte man hier die Fülle der Begräbniseinzelheiten, die die verschiedenen Rechtsschulen entwickelten, darstellen. Deshalb sollen nur die allgemeinen Praktiken genannt werden. Dabei ist es unerläßlich, daß man sich vergegenwärtigt, daß es sich dabei weniger um gesellschaftliche Gepflogenheiten, als vielmehr um religiöse Rituale handelte. Dies wird am deutlichsten bei der ersten Forderung, d.h. der Tatsache, daß man einen Sterbenden an das grundlegende Glaubensbekenntnis erinnern muß, *shahādah*, also das Zeugnis, daß es nur einen Gott (Allāh) gibt und Mohammed Gottes Prophet und Bote ist. Die Anrufung des göttlichen Namens ist das erste, was ein Muslim im Augenblick der Geburt hört; sie ist auch die letzte Äußerung, die er im letzten Augenblick des Erdenlebens sagen oder hören muß. Deshalb dreht die Familie das Haupt eines Sterbenden in Richtung der Ka'ba in Mekka[50] und flüstert ihm das *shahādah* ins Ohr. Der Tote wird dann mit dem Kopf in Richtung Mekka aufgebahrt. Das Sterben scheint so eine Art Gebet zu sein, da die Gebetsriten Anwendung finden.

Die beim Sterben Anwesenden sollen Gott anflehen, daß er den Übergang leicht und schmerzlos mache. Auf den Tod folgt das Ritual des *ghusl* oder der Körperwaschung. Auch dieses Ritual beginnt mit der Anrufung des Namens Gottes, des Erbarmers, des Allbarmherzigen. Dieser Ritus scheint auf das Ereignis zurückzugehen, als der Prophet befahl, den Körper seiner toten Tochter mehrere Male (immer eine ungerade Zahl) zu waschen. Nach der von Umm 'Atīyah überlieferten Tradition, also der einer Frau, die vom Irak nach Medina gereist war, um ihren Sohn zu besuchen, „kam der Bote Gottes zu uns, als wir den Leichnam seiner Tochter wuschen, und sprach zu uns: ‚Wascht sie mit Wasser und den Blättern des Lotebaumes[51], drei, fünf oder noch mehr Mal, wenn ihr das für notwendig haltet, und taucht am Ende Kampferblätter in das Wasser'...wir sagten es ihm, als wir fertig waren, und er gab uns sein Lendentuch und befahl uns, sie darin einzuwickeln." Nach einer anderen Tradition „erzählte man, daß sie mit der rechten Seite anfangen sollten und mit den Körperteilen bei den rituellen

Waschungen". Nach noch einer Tradition, der des Abu Abbas (einer vertrauenswürdigen Quelle), und mit Bezug auf einen anderen Tod soll der Prophet befohlen haben: „Wascht ihn mit Wasser und den Blättern des Lotebaumes und wickelt ihn in zwei Leintücher; parfümiert ihn nicht und färbt ihm nicht das Haar; am Tage der Auferstehung sollte er bereit sein, *talbiyah* („Hier bin ich, Herr") zu sprechen. Eine weitere, eher schwache Tradition, nennt den Grund hinter dem Ritual und sagt: „Bei seinem Tode wuschen die Engel Adam mit Wasser und den Blättern des Lotebaumes; sie bereiteten ihm eine Grabstätte, begruben ihn und sprachen: ‚Dies soll bei euch, ihr Kinder des Adam, was eure Toten angeht, die Regel sein.'"

Die Einzelheiten des Waschungsrituals werden von den Rechtsgelehrten aufs genaueste behandelt. Hier einige Beispiele: Der Leichnam wird bei der Waschung nicht gänzlich entkleidet; die Waschung muß durch Personen gleichen Geschlechts wie der Tote erfolgen; wo aus Krankheitsgründen ein Bad unhygienisch wäre, soll Wasser über den Körper gegossen werden.

Nachdem er gewaschen wurde, wird der Körper in Tücher aus einfachem Material gewickelt, möglichst weiße, und so für das Begräbnis vorbereitet. In einer Tradition heißt es: „Beeilt euch mit der Bestattung der Toten. Wenn die Person gut gehandelt hat, tut man ihr einen Gefallen, wenn man ihre Reise zu Gott beschleunigt; ist es aber anders, so ist sie ein Übel, das schnell loszuwerden lohnt." Deshalb findet das Begräbnis vor Sonnenuntergang des Sterbetages, oder, wenn die Person spät gestorben ist, am folgenden Tag statt.

Völlig bedeckt wird der Leichnam auf einer offenen Bahre zum Friedhof getragen. Es gilt als verdienstwürdig, eine Totenbahre zu tragen. Man kann bei einer Moschee halt machen, dies ist aber nicht vorgeschrieben. Ansonsten geht der Zug ohne Halt direkt zur Begräbnisstätte. In einer Tradition heißt es: „Wenn du in einem Trauerzug mitgehst, so setz dich nicht nieder, bis der Tote bestattet ist." Um rituelle Klagen (Schläge ins

Gesicht und Ausreißen der Haare) und offene Emotionen zu vermeiden, ist es Frauen nicht erlaubt, einem Begräbnis zu folgen.

An der Grabstätte werden, erst nachdem alle Schulden des Verstorbenen beglichen sind, Gebete gesprochen. Ein naher Verwandter waltet des Amtes. Bei einem männlichen Toten steht er am Kopf, bei einer Frau am Fußende. Keine Gebete werden am Grabe eines Ungläubigen oder eines Selbstmörders gesprochen; bei einem Märtyrer oder einer Totgeburt (,einem Säugling, der nicht schrie') bedarf es ihrer nicht. Nachdem die ehrliche Intention *(niyyah)* ausgedrückt wurde, wird viermal die Verherrlichung Gottes (*takbīr*, d.h. der Satz *Allahu akbar*, ,Gott ist groß') mit erhobenen Händen ausgesprochen. Auf den ersten dieser Ausrufe folgt die Rezitation des Eröffnungskapitels des Korans *(fātiḥah)*, auf den zweiten die Preisungen des Propheten, dem dritten eine Bitte für den Verstorbenen und dem letzten eine Bitte für die bei der Bestattung Anwesenden. Das Beerdigungritual endet dann mit einer zweimaligen Rezitation der Bitte um Frieden für den Propheten, seinen Haushalt und alle Gläubigen *(taslīm)*.

Die Beerdigung findet unmittelbar nach den Gebeten und ohne Sarg statt. Das Grab muß tief sein und entweder ein Loch oder ein Graben sein, der nach Mekka ausgerichtet ist. Eine ungerade Anzahl der nächsten Verwandten steigt in das Grab, um den Körper einzupassen. Die Tücher werden gelöst, das Gesicht wird nach Mekka gewandt und noch einmal wird *shahādah* in das Ohr des Toten geflüstert. Wenn dies getan ist, wird ein wenig Erde über den Leichnam gestreut und drei Handvoll werden von den Anwesenden über das Grab gestreut, wobei jeder einzeln eine Bitte um Vergebung der Sünden des Verstorbenen sprechen soll.

„Die nähere Strafe schmecken“: Das Gericht im Grab

Es entwickelte sich der Glaube, daß das Gericht bald nach dem Tode im Grabe beginnt. Danach wird der Verstorbene von zwei Engeln aufgesucht, Munkar und Nakir, die die Person im Grabe sich aufsetzen lassen, damit sie Glaubensfragen beantworten kann. (Man hatte zuvor die Erde nur lose über den Körper gestreut, damit der Verstorbene sich zur Zeit des Gerichts leichter aufsetzen kann.) Wenn der Verstorbene richtig und ohne zu zögern das Glaubenszeugnis ablegt (über die Einzigartigkeit Gottes und die Identität Mohammeds), wird er bis zur Auferstehung der Toten und den Tag des Gerichts in Ruhe gelassen. Wenn er jedoch ungläubig ist und falsch antwortet, „werden die Engel ihre Hände ausstrecken und sprechen: ‚Gebt eure Seelen heraus! Heute sollt ihr mit der Strafe der Schande belohnt werden, darum, daß ihr wider Allāh die Unwahrheit spracht‘“ (Koran 6.93). Sie zum Tode verurteilend werden die Engel „ihnen ihr Gesicht und den Rücken schlagen und sprechen: ‚Schmecket die Strafe des Verbrennens!‘“ (Koran, 6.50). Diese Strafe wird *'adhāb al-qab'* („die Qual im Grabe“) genannt.

Während diese Vorstellung im Koran nicht ausdrücklich genannt wird, fanden die Rechtsschulen doch ausreichende Belege für ihre Idee in der Interpretation gewisser Verse. Ein Beleg für den Gedanken von der doppelten Strafe, deren erste bereits im Grabe stattfindet, fand man in folgenden Abschnitten: „Wir (Gott spricht) kennen sie; wahrlich, strafen wollen wir sie zwiefältig; alsdann sollen sie überantwortet werden gewaltiger Strafe“ (Koran, 9.101); sowie: „Und wahrlich, wir wollen sie die nähere Strafe schmecken lassen, damit sie umkehren“ (Koran, 32. 21).

Bald nach ihrem Tode würden einige bereuen, daß sie in diesem Leben Gottes Willen nicht erfüllt hatten, und darum bitten, zurückkehren zu dürfen, um all das ungetane Gute nun zu tun. Doch davon würden sie durch eine Schranke *(barzakh)* abgehalten, die bis zum Tage der Auferstehung ihren Weg versperren soll: „Erst wenn der Tod einem von ihnen naht, wird er sprechen: ‚Mein Herr, sende mich zurück, / Auf daß ich Gutes tue, was ich unterließ.' – ‚Keineswegs!' Siehe, dies ist das Wort, das er spricht. Und hinter ihnen ist eine Schranke bis zum Tag, da sie erweckt werden" (Koran, 23.99 f.).

„Wann soll der Tag der Auferstehung sein?"

Während es die Gelehrten waren, die den Gedanken von der Strafe im Grabe entwickelten, finden sich für den Glauben an den Tag der Auferstehung und einen Tag des Gerichts Aussagen des Korans. So sicher wie die Einzigartigkeit und Herrschaft Gottes ist auch der Glaube an ein Danach *(al-hayāt al-ākhirah).* Ebenso starke Glaubensartikel sind, daß es einen Tag der Auferstehung geben wird *(yawm al-qiyāma)* und einen Tag des Gerichts *(yawm al-din),* an dem die Lebenden und die Toten Rechenschaft abgeben werden für ihre Gedanken und Taten; daß das Paradies *(al-janna)* die Belohnung für die sein wird, die Gottes Gesetz halten, und daß die Hölle *(jahannam)* die Strafe für diejenigen ist, die dagegen verstoßen. Immer wieder betont der Koran den Unterschied zwischen diesem Leben *(al-hayāt al-dunya)* und dem zukünftigen *(al-hayāt al-'ākhira).* Und während dieses Leben zweifellos als ein Geschenk Gottes angesehen werden muß, das es in Einklang mit Gottes Gesetz zu genießen gilt, so bleibt es doch letztlich nur ein zeitlich begrenztes Vorspiel für das zukünftige Leben: „Sprich: ‚Der Nießbrauch dieser Welt ist winzig, und das Jenseits ist besser für den Gottesfürchtigen...'" (Koran, 4.77).

Das mit „Die Auferstehung" betitelte Kapitel *(surah)* des Korans beginnt mit einer Bekräftigung des Glaubens an den Auferstehungstag: „Ich schwöre beim Auferstehungstag" und fährt dann regelrecht rhapsodisch mit der Beschreibung der Vorzeichen für diesen Tag fort:

„Doch der Mensch wünscht wider das, was vor ihm liegt, zu sündigen.
Er fragt: ‚Wann ist der Auferstehungstag?'
Doch wenn der Blick geblendet wird
Und der Mond sich verfinstert
Und Sonne und Mond sich vereinigen,
Dann wird der Mensch an jenem Tag sprechen: ‚Wo ist die Zuflucht?'
Keineswegs; es gibt kein Asyl –
Zu deinem Herrn ist an jenem Tag die Zuflucht.
Verkündet wird an jenem Tage dem Menschen, was er getan und versäumt.
Ja, der Mensch ist wider sich selbst ein Beweis,
Auch wenn er seine Entschuldigung vorhielte"
(Koran, 75.5–15).

Der Koran betont, daß der Zeitpunkt (*al-sa'ah*, ‚die Stunde'), zu dem das Leben hier auf der Erde enden wird, um der Auferstehung Platz zu machen, nur Gott bekannt ist: „Die Menschen werden dich nach der ‚Stunde' befragen. Sprich: ‚Das Wissen von ihr ist allein bei Allāh'" (33.63).

Daß es dazu kommen wird, ist sicher, obwohl die meisten Menschen nicht daran glauben (Koran, 40.59). Wenn die Stunde gekommen ist, wird es schreckliche Vorzeichen geben: „Genaht ist die Stunde und gespalten der Mond" (54.1); oder: „Siehe, das Erdbeben der ‚Stunde' ist ein gewaltig Ding. / An dem Tag, den ihr schauen werdet, wird jede Säugende vergessen ihres Säuglings, und ablegen wird jede Schwangere ihre Last, und schauen wirst du die Menschen als Trunkene, wiewohl sie nicht trunken sind; doch Allāhs Strafe ist streng" (Koran, 22. 1–2).

Wie im Falle der Schwesterreligion, des Christentums, hat hier das Bild von der Stunde die Phantasie der Gläubigen angeregt und viele Bilder hervorgebracht, die ihr unmittelbares Bevorstehen zeichnen. Die Traditionen sind voll der Vorzeichen für die Stunde: Die Sonne wird im Westen aufgehen, Feuer wird die Erde von Osten bis Westen verzehren, die bebende Erde wird viele Stämme und Völker verschlingen usw.

Diese und ähnliche Vorstellungen von der Stunde sind vor allem Ausdruck der kreativen Vorstellungskraft der Gläubigen, die die eigentlich nur präzisen und andeutungsreichen Signale im Koran weit ausholend ausschmückt. Folglich entwickelte sich, wahrscheinlich mit Anleihen aus der jüdischen und christlichen Eschatologie, ein lebhaftes Bild vom Ende dieser Erde in der muslimischen Gedankenwelt. Eines der am weitesten entwickelten Bilder ist das vom Antichristen (*al-Dajjāl*, ‚der Falsche') und von der Rückkehr Jesu, des Sohnes der Maria[52]. Gemäß dieser Eschatologie wird der Anti-Christ, eine Erscheinungsart Satans oder einer seiner Verbündeten, erscheinen. Die Gläubigen werden von Satan von der Erfüllung ihrer göttlich angeordneten Pflichten weggelockt. Schreckliche Leiden werden seinem Erscheinen vorausgehen, er aber wird alles haben, um die Not der Menschen zu linden und sie so dazu zu locken, ihm zu folgen. Leicht gemacht wird ihm dies durch seine Ähnlichkeit mit Christus. Weil also viele glauben werden, daß er der wiedergekommene Messias ist, werden sie in die Irre geleitet, und er wird für die Dauer von vierzig Jahren die Herrschaft über die ganze Welt erlangen, außer über Mekka und Medina. Seiner Herrschaft wird von Jesus, dem Messias, Einhalt geboten werden, der wiederkommt (mit dem Speer in der Hand), gegen den Antichristen kämpfen und ihn besiegen wird. Diese kosmische Schlacht wird in Palästina (oder Syrien) stattfinden, danach wird Jesus den Glauben, die Gerechtigkeit und den Frieden wiederherstellen – ein Goldenes Zeitalter, das dem Tag der Auferstehung vorausgehen soll[53].

Auf den Sieg des Messias über den Antichristen wird ein einmaliger (oder zweimaliger) Posaunenschall ertönen. Der Koran macht einige Anspielungen auf dieses Ereignis, um das sich ein sehr lebendiges eschatologisches Szenarium entwickelt hat[54]. Auf den ersten Stoß hin und als Vorbereitung auf die Auferstehung werden alle Lebewesen sterben. Dem zweiten Posaunenstoß wird eine Pause vorausgehen, bei dem dann alle Verstorbenen wieder zurück ins Leben gebracht werden und sich für das Endgericht versammeln.

Der Koran und die sich aus ihm entwickelnden Traditionen malen uns ein Bild vom Tag des Gerichts, das so lebhaft und reich ist wie das eines mittelalterlichen Tympanons. Da das Gericht für jeden individuell erfolgen wird – und nicht für Gruppen –, wird auch jeder einzeln vor dem Richterstuhl Gottes stehen an jenem Tag und für seine Taten einstehen müssen: „Aber sähest du sie nur, wenn sie vor ihren Herrn gestellt werden! Er wird sprechen: ‚Ist dies nicht wirklich?'- Sie werden sprechen: ‚Jawohl, bei unserm Herrn!' Er wird sprechen: ‚So schmecket die Strafe, darum, daß ihr nicht glaubtet!" (6.30). Jede Person wird einen Bericht über ihre Taten in den Händen halten, die Gerechten in der rechten Hand[55], die Bösen dagegen werden ihn in der linken oder hinter dem Rücken tragen[56]. An jenem Tag, dem Tag der Abrechnung *(yawm al-ḥisāb)*, wird Gott jeden und jede auffordern, den Bericht zu lesen: „...heraus wollen Wir für jeden Menschen holen am Tag der Auferstehung ein Buch, das ihm geöffnet vorgelegt werden soll, und Wir werden zu ihm sprechen: / ‚Lies dein Buch; du selbst sollst heute Rechenschaft wider dich ablegen" (17.13–14). Daraufhin werden die Bösen wünschen, sie hätten diese Begegnung niemals erlebt: „Was aber den anlangt, dessen Buch in seine Linke gegeben wird, so wird er sprechen: ‚O daß mir doch nicht mein Buch gegeben wäre! / Und daß ich nie gewußt, was meine Rechenschaft!" (69.25–26). An jenem Tag sollen sie einzeln Rechenschaft (*ḥisāb*) für ihre Taten ablegen, und die, über die es Zweifel gibt, sollen auf der Weltwaage gewogen werden.

Und die, deren Waage schwer ist, ihnen wird's wohl ergehen.
Deren Waage jedoch leicht ist, die werden ihre Seelen verlieren in Dschahannam für immerdar.
Verbrennen wird das Feuer ihre Angesichter (23.104–106).

Denjenigen, die als Sünder befunden wurden, kann auch keine Fürsprache helfen, denn nur auf Gottes Befehl darf jemand für sie eintreten. In der Tradition ist eine Fürbitte denen erlaubt, „die den Thron Gottes tragen", und Mohammed, aufgrund des Abschnittes, in dem es heißt: „Vielleicht erweckt dich der Herr zu einem preislichen Rang" (17.79). Spätere Traditionen sprechen mit Bezug auf einige Koranabschnitte auch von Engeln, Aposteln, Propheten, Märtyrern und heiligen Menschen *(awliyā')*. In einem solchen Abschnitt heißt es: „Es sind nur gerechte Diener. / Sie sprechen vor Ihm kein Wort und tun nach Seinem Geheiß. / Er weiß, was vor ihnen ist und was hinter ihnen, und nicht können sie Fürsprache einlegen, / Außer für den, an dem Er Wohlgefallen hat; und sie zagen vor Furcht" (21.26–29).

Gott kann für die eintreten, die wahrhaftig bereuen und Vergebung suchen. Keine Fürsprache geben kann es aber für die, die Gott mit einem Götzen gleichgesetzt haben.

Nur in der Tradition findet sich das Bild von einem Becken *(ḥawḍ)*, an dem Mohammed seine Gemeinschaft versammeln wird in der Hoffnung auf Einlaß ins Paradies. Die Armen und die, denen im irdischen Leben alles Gute abging, sollen die ersten Plätze einnehmen. Wenn er bei Gott für seine Gemeinschaft eintritt, wird Mohammed hören, daß er ja nicht weiß, was diese nach seinem Tod getan haben.

„Zum Pfad der Hölle"

Da niemand für sie Fürsprache einlegen kann, werden die Sünder den „Pfad der Hölle" *(ṣirat al-jaḥim)* entlang hinein ins brennende Feuer getrieben: „‚Versammelt die Ungerechten und ihre Gefährten und was sie anbeteten / Außer Allāh, und leitet sie zum Pfad der Hölle'" (37. 22–23).

Die Hölle wird im Koran oft erwähnt und manchmal beschrieben. Ein Abschnitt ließ spätere Traditionen den Gedanken von einer beweglichen Hölle entwickeln: „Doch wenn die Erde kurz und klein zermalmt wird / Und dein Herr und die Engel in Reihen auf Reihen kommen / Und Dschahannam an jenem Tage gebracht wird; an jenem Tage möchte der Mensch Ermahnung annehmen, woher aber wäre ihm Ermahnung?" (89. 22–23).

Der Koran schildert die Hölle als brennendes Feuer: „Sooft sie *(jahannam)* erlischt, wollen wir die Flammen wieder anzünden" (17.97). Sie brennt mit solcher Gewalt, daß sie nahezu zerplatzt. Die Sünder sollen ‚zwischen ihr die Runde machen und zwischen siedendheißem Wasser' (55.44), dabei sollen sie darüber klagen, daß sie versäumten, die ihnen gegebenen Warnungen zu beachten: „Wenn sie in sie hineingeworfen werden, hören wir sie brüllen vor Sieden, / fast birst sie vor Wut. Sooft als eine Schar in sie hineingeworfen wird, werden ihre Hüter fragen: ‚Kam nicht ein Warner zu euch?' / Sie werden sprechen: ‚Jawohl, es kam ein Warner zu uns, doch ziehen wir ihn der Lüge und sprachen: ‚Allāh hat nichts herabgesandt; ihr seid allein in großem Irrtum.' / Und sie werden sprechen: ‚Hätten wir nur gehört oder Verstand gehabt, wir wären nicht unter den Bewohnern der Flamme'" (67. 7–10).

„Tretet ein in mein Paradies"

Was nun die Gerechten angeht oder diejenigen, die bereut haben und deren Sünden Gott vergeben hat, sie sollen Einlaß in das Paradies erhalten, das im Koran noch häufiger erwähnt wird als die Hölle. Im Westen sind die Beschreibungen des Paradieses, die sich im Koran finden, sehr häufig mißverstanden oder absichtlich falsch dargestellt worden. Kapitel 55, *al-raḥmān* (‚der Erbarmer') liefert uns eine Bilderwelt, die am ehesten symbolisch und auf dem Hintergrund der sozialen Umstände im Arabien des 7. Jahrhunderts zu verstehen ist. Es handelt sich um ein hymnisches Kapitel, das einen oft wiederholten Kehrvers enthält: „Und welche der Wohltaten des Herrn wollt ihr beide wohl leugnen?" Der erste Teil dieses Kapitels gleicht einem Schöpfungshymnus. Dann folgt die Erinnerung: „Alles auf dieser Erde ist vergänglich / Aber es bleibt das Angesicht deines Herrn voll Majestät und Ehre" (55.26–27). Dann kommt, auf eine kurze Beschreibung der Hölle folgend, ein glanzvolles Bild vom Paradies: „Beide Gärten mit Zweigen – In ihnen sind zwei eilende Quellen – In ihnen sind von jeder Frucht zwei Arten – Sie sollen sich lehnen auf Betten, mit Futter aus Brokat, und die Früchte beider Gärten sind nahe. – In ihnen sind keusch blickende Mädchen, die weder Mensch noch Dschann zuvor berührte. – Als wären sie Hyazinthe und Koralle. – Soll der Lohn des Guten anders als Gutes sein?" (55.48–60)[57].

Nimmt man dies auf der ganz wörtlichen Ebene, wie es leider viel zu oft geschehen ist, kann der kraftvolle und assoziationsreiche Symbolismus sehr schnell zerstört werden. Statt dessen sollte man die ganze Kraft des Bildes zu begreifen versuchen, das vom Erbarmen und Mitleid Gottes, das Gott über die Gläubigen ausschüttet, spricht, vergleichbar dem Bilde vom *locus amoenus*, dem Ort der Freude, bei dem das Motiv des Gartens auch von christlichen Dichtern verwendet wird, um das Paradies darzustellen[58].

Mit Recht sagt man, daß ein Bild der Schrift am besten durch ein anderes erklärt werden kann. Das Bild des Korans vom Leben derjenigen im Jenseits, denen es Gott schenkt, wird von einem anderen Abschnitt abgerundet: „Du beruhigte Seele, / Kehre zurück zu deinem Herrn zufrieden, befriedigt, / Und tritt ein unter Meine Diener, / Und tritt ein in Mein Paradies" (89.27–30).

4
Der Hinduismus

Anatanand Rambachan

Die Kathaka Upanischad beginnt mit der Geschichte von Vājáshravā, der das Vishjavit-Ritual vollzieht, in dessen Verlauf er alle seine Besitztümer aufgeben soll. Sein kleiner Sohn Naciketas beobachtet, wie der Vater die Regeln des Rituals verletzt und nur die Kühe verschenkt, die alt und unfähig zum Gebären sind. Um seinen Vater auf dessen Geiz aufmerksam zu machen, fragt er ihn: „Vater, wem wirst du *mich* geben?" – Sein Vater antwortet nicht, und Naciketas wiederholt seine Frage dreimal. In einem Zornesausbruch antwortet Vājáshravā schließlich: „Ich übergebe dich dem Tode!"[59]

Naciketas erreicht den Wohnort von Yama, dem Herrn des Todes, trifft Yama aber dort nicht an. Mit ungeheurer Disziplin und Geduld wartet er ohne Essen und Trinken drei Tage und drei Nächte. Yama entschuldigt sich sehr, als er zurückkehrt; ist besorgt, weil er einen Gast nicht mit der traditionellen Gastfreundschaft begrüßt hat. Um das wieder gutzumachen, bietet er Naciketas die Erfüllung von drei Wünschen an. Als erstes wünscht sich Niceketas, daß sein Vater nicht mehr mit Sorgen und mit Zorn gegen ihn erfüllt sein möge. Als zweites bittet er um die Einzelheiten eines Feuerrituals, um in die himmlische Welt zu gelangen. Gleich gewährt ihm Yama die Erfüllung dieser beiden Wünsche.

Die dritte Bitte des Jungen aber überrascht Yama: „Es besteht Zweifel hinsichtlich des verstorbenen Menschen. Die einen sagen: ‚Er ist'; die anderen sagen: ‚Er ist nicht.' Von dir belehrt, möchte ich darüber Aufschluß haben, das ist der dritte meiner Wünsche." Da Naciketas ja schon nach Information über ein

Ritual, das in den Himmel führt, gefragt hat, zweifelt er offenbar nicht daran, daß einige Aspekte der menschlichen Person auch dem physischen Tode weiterleben. Er fragt also genauer nach dem, was da den Tod überlebt. Yama bittet darum, von der Last, zu diesem Thema lehren zu müssen, befreit zu werden, da es so subtil und schwer zu begreifen sei: „Erwähle dir Söhne und Enkel, die ein volles Jahrhundert leben, reichlich Vieh, Elefanten, Gold und Rosse. Erwähle dir eine große Fläche Landes und lebe selbst so viele Herbste, als du wünschest. ... liebliche Mädchen hier und mit ihnen Wagen und Musik, wie die Menschen sie nicht erlangen. Ich gewähre sie; laß dich von ihnen bedienen, Naciketas, nach dem Sterben frag mich nicht."

Schließlich belehrt Yama Naciketas doch über die Geheimnisse des Todes, und viele seiner Lehren werde ich mit Ihnen, den Lesern, teilen. Doch habe ich aus einem anderen Grunde mit dieser Geschichte begonnen. Indem der Tod selbst der Lehrer ist, lenkt die Upanishad sehr geschickt unsere Aufmerksamkeit auf die Tatsache, daß der Tod wohl einige der wichtigsten Lebensgeheimnisse birgt und daß die menschliche Suche nach Sinn unvollkommen ist ohne die Begegnung mit dem Tod. „Wo kann ich einen besseren Lehrer als dich finden?" fragt Naciketas. Über die Bedeutung des Lebens kann man nicht meditieren, wenn man nicht auch den Tod in Betracht zieht.

Und noch mehr kann man aus der Geschichte von Naciketas und Yama lernen. Der Tod enthüllt seine Geheimnisse niemandem, der nicht voll Geduld und Ausdauer sucht. Drei Tage lang wartet Naciketas ohne Essen an der Türe des Todes. Und noch wichtiger ist, daß der Tod sein Geheimnis niemandem verrät, der oberflächlich ist, begierig nach den vergänglichen Dingen dieser Welt ist. Erst als Naciketas ganz entschieden das Angebot von Vieh, Elefanten, Pferden, Gold, Königreichen und einem langen Leben ausschlägt und seine Unzufriedenheit mit diesen Dingen erklärt, belehrt der Tod ihn. Der Tod schenkt sein Geheimnis nur denen, die aufgehört haben, an dem zu hängen, was der Tod ohnehin unweigerlich nehmen wird.

Mit dem Tod als Lehrer kann man wohl erwarten, daß der Lernende am Ende deprimiert über die Endlichkeit des Lebens sein wird. Doch im Falle Naciketas lehrt der Tod den Weg zu ewigem Frieden *(śāśvatī śāntiḥ)* und nie endendem Glück. Durch den Tod belehrt wird Naciketas frei vom Tod *(vimṛtuyuḥ)* in diesem Leben selbst.

Ich will nun in einer Auswahl einige der zentralen Eigenarten der Hindutradition für diejenigen aufzeigen, denen der Hinduismus fremd ist, und um darüber hinaus in diesem Kontext auch die Frage des Lebens nach dem Tod zu diskutieren.

Grundzüge des Hinduismus

Beim Hinduismus handelt es sich um eine erstaunlich vielfältige Tradition. Dieses Faktum wird bereits durch das Wort Hindu selbst unterstrichen. Es ist nicht der Eigenname eines Religionsstifters oder Weisen, dessen Lehren die Anhänger der Religion befolgen. Es beschreibt auch nicht ein Grunddogma oder eine Glaubenspraxis. ‚Hindu' ist die persische Form eines Flußnamens, der bei den Indo-Europäern Sindhu, den Griechen Indos, den Briten Indus lautete. Alle, die im Einzugsgebiet des Stromes leben, werden abgeleitet Hindus genannt. Ihnen ist nicht notwendigerweise die gleiche religiöse Kultur zu eigen; in der Hindu-Tradition findet sich eine breite Menge verschiedener Glaubensrichtungen und Praktiken. Der Name reflektiert auch einen erstaunlichen Reichtum an geographischen, sprachlichen und kulturellen Erscheinungsformen auf dem gesamten indischen Subkontinent. Es hilft vielleicht, sich den Hinduismus als eine uralte, große und weitverzweigte Familie vorzustellen, die erkennbar gemeinsame Züge aufweist, die aber die reiche Einzigartigkeit der einzelnen Mitglieder bewahrt. Wenn wir uns dieser Tatsache der Verschiedenheit und

Unterschiedlichkeit bewußt bleiben, werden auch die unvermeidlichen Verallgemeinerungen nicht in die Irre führen.

Viele der gemeinsamen Züge innerhalb der Hindu-Familie lassen sich auf eine Gruppe von Schriften, die Veden, zurückführen. Von den orthodoxen Hindus werden die vier Veden (*Rgveda, Samaveda, Yajurveda und Atharveda*) als Offenbarung verehrt und genießen einen autoritativen Status. Von bestimmten Hindugruppierungen werden auch andere Schriften als Offenbarung verehrt, doch die Veden genießen nahezu allgemeine Anerkennung als Schriften geoffenbarter Weisheit. Jede der Veden kann grob in zwei Teile unterteilt werden. Den ersten Teil nennt man *karmakanda*, in diesem Teil finden sich Informationen und Regeln für das Vollziehen religiöser Rituale. Der letzte Teil wird *jnanakanda* (oder Weisheitsteil) genannt. Er enthält eine Reihe von Dialogen, die als Upanishaden bekannt sind. Diese sind die wichtigste Quelle für das religiöse und philosophische Denken des Hinduismus. Jede der verschiedenen Schulen im Hinduismus, der etwas am Stempel der Orthodoxie liegt, versucht durch Kommentare zu beweisen, daß ihre Interpretationen in Treue zu diesen Dialogen stehen. Folglich hat sich ein ungeheuer großes Korpus an Sekundärliteratur um diese Texte angesammelt. Die Gedanken zum Leben nach dem Tode, die hier dargelegt werden sollen, entstammen zumeist diesen Texten.

Entgegen einer landläufigen Meinung ist der Hinduismus weder lebensfeindlich noch unweltlich. Mag er auch die Erfüllung materieller Bedürfnisse und das Genießen der weltlichen Güter nicht als höchstes Lebensziel betrachten, so weiß er doch um deren Notwendigkeit und Bedeutung im menschlichen Lebensplan. Reichtum (*artha*) und Vergnügen (*kama*) befinden sich unter den vier legitimen Grundbestrebungen des Menschen. Doch obwohl sie das Ziel des Strebens nach weltlichem Besitz und Vergnügen nicht ablehnt, erinnert die Hindu-Tradition ihre Anhänger immer wieder an die Vergänglichkeit und Ungewißheit dieser beiden Ziele und an ihre Unzulänglichkeit, den Menschen letztlich zufrieden zu stimmen. Nach diesen beiden Zielen soll man nur streben, wenn man auch das dritte Ziel, *dharma*, im Blick behält. *Dharma* ist ein facettenreiches Konzept und sehr schwer zu übersetzen. Seine Bedeutung rührt von der Tatsache her, daß jedes menschliche Wesen unzertrennlich in Verbundenheit und Abhängigkeit steht mit anderen Menschen und auch mit nicht-menschlichen Wesen. Wie die Zellen eines menschlichen Körpers tragen wir zu einem Ganzen bei und werden gleichzeitig davon genährt. Das Ziel des *dharma* erfordert, daß wir der Wohlfahrt des Ganzen gegenüber aufmerksam bleiben, wenn wir unsere individuellen Bedürfnisse befriedigen. Wir verletzen das *dharma*, wenn wir besessen und engstirnig privaten Sehnsüchten folgen, welche die Harmonie der Gemeinschaften, von denen unser Leben abhängt, zerstören.

Die Hindu-Tradition schreibt dem Ziel des *dharma* nun zwar großen Wert zu und diskutiert es bis in die kleinsten Einzelheiten, dabei sieht sie dieses Ziel aber doch als vergänglich an. Der Brennpunkt des *dharma*, die Gemeinschaft, ist – in der Zeit – nur von begrenzter Dauer. Huston Smith meint: „Wenn die Zeit die Gemeinschaft zu Geschichte werden läßt, bleibt allein die Geschichte, die endlich ist und daher letztlich tragisch. Tragisch nicht nur, weil sie enden muß – denn schließlich stirbt auch alle Geschichte –, sondern auch, weil sie sich der Vollkommenheit sperrt. Hoffnung und Geschichte liegen immer Lichtjahre auseinander."[60]

Ein Mensch, der die Notwendigkeit, aber auch die Vergänglichkeit von Reichtum, Vergnügen und Pflicht erkennt, der voll tiefer Ernsthaftigkeit fragt, ob es etwas von dauerhaftem Wert gibt, ist bereit, auf die Reise nach dem letzten und geschätztesten Ziel des Hinduismus zu gehen, *mokṣa*. Das Sanskritwort bedeutet ‚Freiheit', und wenn wir die obenerwähnte Vielfalt der Perspektiven im Auge behalten, dürfen wir, ohne zu verallgemeinern, sagen, daß es sich hier zunächst um Freiheit von Unwissenheit *(avidya)* handelt. Eine allgemeine Erkenntnis der

Hindu-Tradition ist es, daß Unwissenheit um die wahre Natur des menschlichen Selbst *(ātman),* Gott *(brahman)* und die Welt *(jagata)* die Grundwurzel für Leiden und Unfreiheit ist. Freiheit, Befreiung kann ohne richtige Kenntnis der Wirklichkeit nicht gewonnen werden.

Bei drei der großen Philosophen und Traditionen des Hinduismus – Sankara (Non-Dualismus – Advaita), Ramnuja (Qualifizierter Dualismus – Visistadvaita) und Madhva (Dualismus – Dvaita) – kann das Selbst nicht mit dem zeitgebundenen physischen Körper oder den sich immer wandelnden Eigenschaften des Geistes gleichgesetzt werden. Das Selbst, in seinem Wesen, ist ewig, ungeschaffen und frei von allem Wandel. Bewußtsein und Seligkeit stellen sein Wesen dar. Für Sankara ist das Selbst letztlich identisch mit *brahman,* so wie der Körper zur Seele gehört und das Teil zum Ganzen. Für Madhva ist es hingegen ganz und gar unterschieden, aber dabei völlig abhängig von Gott.

Nicht um seine wahre Natur wissend, identifiziert das Selbst seine Natur mit dem physischen Körper und dem Geist, nimmt deren Begrenztheit an und wird so mangelhaft und voller Begierden. Um das letzte Ziel seiner Begierden zu erlangen, entwickelt es Handlungen *(karma)* der verschiedensten Art. Von der Begierde bestimmte Handlungen schaffen Ergebnisse, für die der Handelnde verantwortlich ist und die zu weiteren Wiedergeburten führen, um die Folgen dieser Handlungen selbst zu erfahren. Alle Hindu-Traditionen halten am Glauben an die Lehre vom *karma* als einem Gesetz von Ursache und Wirkung fest, das die moralischen und spirituellen Dimensionen einschließt. Wenngleich viele, auch Hindus, die Karmalehre oft fatalistisch interpretieren, wird durch sie doch die Tatsache und Bedeutung menschlicher Verantwortung und Entscheidungsfreiheit betont. In der Sicht des Hinduismus neigen wir Menschen dazu, uns zu sehr auf die unangenehmen Seiten unseres Lebens zu konzentrieren, ohne dabei zu bedenken, wie unsere eigene freie Wahl uns zu einem bestimmten Punkt gebracht hat und daß wir uns durch neue Wahl befreien können. Der Kreislauf von Geburt und Wiedergeburten und Toden *(saṁsāra)* ist aufs engste verknüpft mit der Karmalehre. Letztere hält fest, daß jeder Willensakt ein Ergebnis zeitigt, das durch die Art der Handlung und das zugrundeliegende Motiv determiniert ist. Da es viele Geburten gibt, müssen wir von einer Art Lagerhaus der Wirkungen früherer Handlungen, die in einem einzigen Leben nicht verbraucht werden können, ausgehen. Es sind also weiter zukünftige Geburten notwendig, um die erwünschten und unerwünschten Wirkungen der vergangenen und des gegenwärtigen Lebens zu erfahren und um unerfüllte Sehnsüchte zu befriedigen. In den zukünftigen Leben werden die Wirkungen neuer Handlungen natürlich wieder dem Vorrat von *karma* zugeführt, und so wird der Kreislauf des *saṁsāra* weiter fortgesetzt.

Im Hinduismus folgt *mokṣa* auf das rechte Verständnis der wahren Natur des Selbst. Wir haben gesehen, daß in den verschiedenen Traditionen das Selbst unterschiedlich verstanden wird, jedoch beinhaltet *mokṣa* in jeder die Erkenntnis des Selbst als verschieden vom Psycho-physischen, als frei von den Begrenzungen der Zeit und als der Seligkeit teilhaftig. Dieses Verständnis der wahren Natur des Selbst beendet den Kreislauf von Geburt, Tod und Wiedergeburt. Jemand, der Selbsterkenntnis gewonnen hat, wird nicht wiedergeboren. Für Sankara ist diese Befreiung möglich, während das Individuum im Körper lebt. Wenn man das Selbst erkennt, identifiziert man sich nicht mehr mit dem Körper und ist frei. Für Ramanuja hingegen kann das Selbst niemals seine innewohnende Reinheit erlangen, solange es mit dem Körper verbunden ist. Daher ist Freiheit im eigentlichen Sinne erst nach dem Tode des Körpers möglich. Für beide Philosophen bedeutet *mokṣa* jedoch die Freiheit von Leiden, von Sehnsucht oder Mangel und von Sterblichkeit.

Die hinduistische Sicht der Person

Es ist nützlich, vor einer Betrachtung der hinduistischen Sicht des Lebens nach dem Tode darzustellen, wie die Tradition die Verfaßtheit des menschlichen Wesens beschreibt. Summarisch wurde dieses Thema ja bereits oben behandelt. Kapitel II der Taittiriya Upanishad enthält eine vedische Anthropologie, die weithin übernommen wurde. Das Kapitel beschreibt das wesentliche menschliche Selbst, *ātman*, als von fünf ‚Scheiden' *(kośas)* umgeben. Diese sind: die physische Scheide *(annamaya kośa)*, die Vitalitäts-Scheide *(prānamaya kośa)*, die Scheide des Geistes *(manomaya kośa)*, die Intellekt-Scheide *(vijnamaya kośa)* und die Scheide der Seligkeit *(ānandamaya kośa)*. Sie heißen Scheiden, weil sie das Selbst auf die gleiche Weise umschließen wie die Scheide das Schwert. Diese Scheiden sind mit jeder Stufe höher entwickelt. Die äußerste ist am sichtbarsten und berührbarsten, die innere ist am wenigsten berührbar und die am höchsten entwickelte. Sie umgeben das Selbst gleich den Stufen eines Teleskops, sind also ineinander verschachtelt.

In späteren Werken wird diese ausgefeilte Anthropologie vereinfacht und das Selbst als in drei Körper gekleidet beschrieben[61]. Zuäußerst ist der physische Körper *(sthūla śarīra)*, entsprechend der physischen oder Essens-Scheide. Er wird als aus den fünf großen Elementen – Raum, Luft, Feuer, Wasser und Erde in ihrer greifbaren und offenbaren Form – bestehend geschildert und als das Medium, durch das das Selbst unsere physische Welt im Stadium des Wachens erfährt. Wie jedes endliche Objekt wurzelt der physische Leib in der Zeit, wächst, verfällt und geht dahin.

Einige Schriften vergleichen den physischen Körper mit einer Stadt und das Selbst mit dem Bewohner. Die Bhagavadgita z. B. beschreibt den Körper als „neuntorige Stadt"[62]. Zu den verschiedenen Zwecken dieser Analogie gehört, daß das Selbst ganz klar vom Körper unterschieden wird. Das Selbst ist auf die gleiche Weise verschieden vom Körper, wie das Haus und sein Bewohner unterschieden sind. In Relation zum Selbst ist der Körper Objekt, das Selbst ist Subjekt oder Wissendes. Das Selbst verleiht dem im wesentlichen unbeweglichen Körper Bewußtsein und ermöglicht allen Sinnesorganen zu funktionieren. In den Worten der Kena-Upanishad (I.2) ist es „das Ohr des Ohres, der Geist des Geistes, die Sprache der Sprache und das Auge des Auges"[63].

Diese grundsätzliche Differenzierung von Selbst und Nicht-Selbst oder Körper im Hinduismus bedeutet nun nicht, daß der Körper als unwichtig und unbedeutend angesehen würde. Während das Selbst in allen Dingen anwesend ist – wie die Upanishaden versichern –, ist das menschliche Selbst auf einzigartige Weise in der Lage, das Selbst vom Nicht-Selbst zu unterscheiden und zur Erkenntnis seiner wahren Natur zu gelangen. Immer wieder preisen die Heiligen Schriften der Hindus die besondere Ehre und den Wert einer menschlichen Geburt wegen der menschlichen Fähigkeit zur Erlösung.

Neben dem physischen Körper wird *ātman* auch mit dem in Verbindung gebracht, was auf Sanskrit *sūkṣma śarīra*, ‚feiner' Körper, genannt wird. Er wird zu Recht so genannt, weil in ihm die fünf Elemente in ganz verfeinerter Form zusammenkommen; er ist daher nicht auf die gleiche Weise zur Sinneswahrnehmung befähigt wie der physische Körper[64]. Er besteht aus siebzehn verschiedenen Teilen und enthält die fünf Lebenskräfte, die fünf Sinnesorgane, die fünf Handlungsorgane, den Geist und den Verstand[65]. Nach dem Verständnis des Hinduismus erhalten die im physischen Körper lokalisierten Sinnesorgane ihre Wirkungskraft aus den jeweiligen Gegenstücken im ‚feinen' Körper. Ohne ‚feinen' Körper hat auch der physische Körper keine Möglichkeit zu unabhängiger Funktion.

Da der ‚feine' Körper aus den Elementen in ihrer feinsten, nicht zusammengesetzten Form gebildet ist, wird er im Tode nicht wie der physische Körper zerstört. Wir werden sehen, daß er normalerweise die Zerstörung des physischen Körpers übersteht und bis zum Erreichen der Freiheit mit dem Selbst verbunden bleibt. Er wird als der Ort des individuellen Karma angesehen und all der individuellen Neigungen und Eigenschaften, die unsere jeweilige Person ausmachen. Jeder Gedanke, jede Sehnsucht oder Handlung bewirkt einen ganz spezifischen Eindruck auf den ‚feinen' Körper, der dann dessen Charakter bestimmt und die Zukunft beeinflußt.

Letzter und endgültiger körperlicher Träger des Selbst ist das *kárana śarīra*, der ursächliche Körper. Dieser Körper ist schwerer zu beschreiben als der physische und der feine Körper. Man könnte ihn als vor allem im Zustand des Tiefschlafs manifestiert denken. In diesem Zustand gehen alle persönlichen Charakterzüge und Eigenschaften in eine ursächliche, keimhafte Verfassung über, aus der sie sich im Traum und im Erwachen wieder entwickeln. Dieser keimhafte Zustand des feinen Körpers könnte mit dem ursächlichen Körper gleichgesetzt werden. Man bezeichnet ihn auch als den Körper des Nicht-Wissens, denn der Erfahrende, im Zustand des Tiefschlafs, ist sich nur seines Nicht-Wissens (*ajnana*) bewußt.

Es ist wichtig zu wiederholen, daß das Selbst von allen drei verschiedenen Körpern unterschieden ist. Im Vergleich zu ihnen ist *ātman* wissend und beherrschend. *Ātman* ist unwandelbares Bewußtsein, während die drei Körper dem Fluß und dem Wandel ausgesetzt sind.

Die hinduistische Sicht von Tod und Leben nach dem Tod

In der hinduistischen Sicht kann der Tod als die Trennung des feinen Körpers vom physischen Körper bezeichnet werden. Ist das Individuum nicht befreit, wird der feine Körper, erhellt vom Bewußtsein des Selbst und identisch mit dem eigenen Karma und den persönlichen Neigungen, sich einen anderen angemessenen physischen Körper suchen. Die Bhagavadghita (2:22) vergleicht in einer ihrer bekannten Analogien den Tod mit dem Wechseln der Kleidung: „Wie ein Mann abgetragene Kleider ablegt und andere neue anzieht, so legt auch die Seele die abgetragenen Körper ab und geht in andere, neue ein."[66]

In dieser Analogie lassen sich viele Anspielungen entdecken, doch hier sollen nur zwei herausgegriffen werden: 1. Ein Anzug ist nicht mit seinem Träger identisch. Gleichermaßen ist auch der physische Körper, der hier mit Kleidung verglichen wird, nicht das Gefäß der wahren Identität der menschlichen Person. 2. Wir finden hier das Gleichnis von einer gleichbleibenden Seinsweise: Wenn ein Anzug gewechselt wird, bleibt doch der Träger derselbe. Und so stirbt mit dem Tod des physischen Körpers der Bewohner nicht. Der feine Körper ist das Verbindungsglied zwischen dem alten und dem neuen Körper.

Die Brihad-Aranyaka-Upanishad (IV.iii.36) vergleicht den Tod im hohen Alter mit dem Abfallen einer reifen Frucht von ihrem Stiel und unterstreicht, daß man dies nicht als etwas der menschlichen Existenz Fremdes betrachten darf: „Wenn einer abmagert, so magert er durch Alter oder Krankheit ab. Wie eine Mangofrucht, eine Feige oder Beere sich vom Stiel löst, so löst der im Körper eingeschlossene Ātman sich von den Gliedern und kehrt nach Ordnung und Ursprung wieder zum Atem (Prana) zurück."[67]

Die Upanishad beschreibt dann den Prozeß, durch den der feine Körper sich vom physischen Körper löst. Dieser Text hält eine Reihenfolge fest, die mit Sterbeprozessen zu vergleichen interessant sein könnte: „(Der Ātman) vereinigt sich, und man sagt: ‚Er sieht nicht'; er vereinigt sich (mit dem Brahman), und man sagt: ‚Er riecht nicht'; er vereinigt sich, und man sagt: ‚Er schmeckt nicht'; er vereinigt sich, und man sagt: ‚Er spricht nicht'; er vereinigt sich, und man sagt: ‚Er hört nicht'; er vereinigt sich, und man sagt: ‚Er denkt nicht'; er vereinigt sich, und man sagt: ‚Er fühlt nicht'; er vereinigt sich, und man sagt: ‚Er erkennt nicht'."[68]

Die Upanishad deutet an, daß der Moment, in dem der feine Körper und der physische Körper sich tatsächlich trennen, je nach Person unterschiedlich ist und vom spirituellen Bewußtsein des einzelnen zum Zeitpunkt des Todes abhängt. Die Kathanka-Upanishad (II.iii.16) nennt einhundertundein Herznerven. Einer davon geht durch den Kopf. Geht der feine Körper durch diesen Nerv hinaus, erlangt er Unsterblichkeit. Der Ausgang durch jeden anderen Körperteil führt zu Wiedergeburt[69].

Die Upanishaden legen interessanterweise nahe, daß der vom Individuum anzunehmende neue Körper bereits gedacht ist, wenn sich der feine Körper vom physischen löst. In der Analogie der Brihad-Aranyaka-Upanishad (IV.iv.3) findet sich ein Beleg für die Sichtweise: „Wie ein Wurm, den ein Strohhalm trägt, bis zu dessen Ende gelangt, dann einen anderen Halt sucht und sich zusammenzieht, so wirft auch das Selbst den Körper fort – macht ihn besinnungslos – ergreift einen anderen Halt und zieht sich zusammen."

In seinem Kommentar zum Brahmasutra (III. I. i) bestätigt Sankara, daß „die Seele, wenn sie von einem Körper in einen anderen übertritt, in die feinen Elemente gekleidet ist, die dann der Samen des neuen Körpers sind"[70]. Die Elemente, die diesen potentiellen Körper bilden, nennt Sankara *bhuta sūkṣmas*, damit meint er die feinen Teile der fünf groben Elemente, die man von den oben beschriebenen feinen Elementen unterscheiden muß. Diese Sicht unterstützt auch Ramanuja in seinem Kommentar zu der gleichen Stelle[71].

Vom Standpunkt des Hinduismus aus besteht aller Grund zur Annahme, daß der feine Körper nach seiner Loslösung vom physischen Körper Bewußtsein besitzt. Die Brihad-Aranyaka-Upanishad (IV.iv.2) schreibt ihm Bewußtsein zu (*savijnano bhavati*). Schon oben haben wir festgestellt, daß er aus den fünf Elementen in einer nicht zusammengesetzten Form besteht und seine siebzehn Teile die fünf Lebenskräfte, die fünf Sinne, die fünf Handlungsorgane, den Geist und den Verstand umfassen.

Die bahnbrechenden Forschungen Dr. Raymond Moodys zu Nahtodeserfahrungen stellen fest, daß die meisten Untersuchten erzählen, sie seien nach der Befreiung aus ihrem physischen Leib in einem anderen Körper gewesen. Selbst wenn wir die Komplexität dieser Forschungen und die Schwierigkeit, solche Erlebnisse in Sprache zu fassen, nicht außer acht lassen, bleibt doch die interessante Tatsache bestehen, daß diese Erfahrungen mit den dem feinen Körper zugeschriebenen Eigenschaften im Hinduismus korrespondieren. Die Unfaßbarkeit dieses ‚geistlichen Leibes' wie Moody den neuen Körper nennt, erklärt sich vielleicht aus der Tatsache, daß er aus Materie in feiner Form besteht und für die Organe des physischen Körpers daher nicht erfaßbar sein kann. So ließe sich auch sein scheinbarer Mangel an Festigkeit und seine Gewichtslosigkeit erklären. Die Fähigkeit dieses neuen Leibes zu sehen, zu hören und zu denken, steht in Einklang mit der Präsenz der feinen Sinnesorgane und den geistigen und intellektuellen Fähigkeiten. Die Untersuchten berichten auch, daß sie Handlungen der handelnden Organe wie den Händen und Beinen erfahren haben. Selbst schwere Schäden am physischen Körper scheinen dem feinen Körper keinen Abbruch zu tun. Die von Moody untersuchten Personen beschreiben ihre Fähigkeit, „die Gedanken" der Menschen um sie herum „aufzunehmen". Dies legt eine direkte Form der Kommunikation zwischen dem feinen Körper und einem anderen ohne Zuhilfenahme hörbarer Sprache nahe[72].

Die Upanishaden legen, wie oben gezeigt, nahe, daß der Zeitpunkt des Ausgangs des feinen Körpers aus dem physischen im Tode vom Bewußtsein des einzelnen abhängt. Davon hängt nach diesen Texten aber auch die Reise und das Schicksal des Individuums nach dem Tode ab. Nach hinduistischem Denken bestimmen die Gedanken, Sehnsüchte, Hoffnungen und Handlungen einer Person nicht nur deren Lebenslauf, sondern auch die Reise dieser Person nach dem Leben. Diese logische Kontinuität zwischen den verschiedenen Leben wird, wie wir gesehen haben, möglich durch die Dauerhaftigkeit des feinen Körpers, in dem alle individuellen Charakterzüge ihren Ort haben.

Die Bhagavadgita lehrt eindeutig, daß die Art und Weise des Weiterlebens nach dem Tode ganz vom Bewußtsein zum Zeitpunkt des Sterbens abhängt: „An welchen Seinszustand er auch immer denken mag, wenn er am Ende seinen Körper aufgibt, dieses Sein erlangt er, o Arjuna, wenn er ständig in Gedanken darein versunken ist" (8:6). Krishna, der inkarnierte Gott, versichert Arjuna, daß ein Denken an ihn zum Zeitpunkt des Todes dazu führen wird, daß er mit ihm vereint wird. Daran darf Arjuna nicht zweifeln[73]. Zahllose Geschichten der Hindu-Tradition erzählen von der rettenden Kraft des Gottesnamens zum Zeitpunkt des Sterbens, und oft rezitieren Hindus solche Namen neben einem Sterbenden, um dessen Aufmerksamkeit in den letzten Augenblicken auf den Gott zu lenken. Eine beliebte Geschichte erzählt von Ajamila, einem Brahmanen, der eine niedrige Dienerin heiratet. So wird Ajamila zum Ausgestoßenen und verdient seinen Lebensunterhalt mit Würfelspiel und Stehlen. Er lebt 80 Jahre und zeugt zehn Söhne, von denen der jüngste Narayana (ein volkstümlicher Name für Vishnu) heißt. Ajamila liebt Narayana abgöttisch und überschüttet ihn mit Reichtum und Aufmerksamkeit. Als sich die Boten des Todes seinem Sterbelager nähern, wird Ajamila von Furcht überwältigt und ruft nach seinem Lieblingssohn, Narayana. Indem er aber diesen Namen ausruft, wird Ajamila, obwohl es doch seine Absicht war, den Sohn und nicht den Gott zu rufen, vor den Todesboten gerettet und direkt zu Vishnu geführt.

Die Absicht solcher Geschichten ist es zwar vor allem, das Erbarmen Gottes aufzuzeigen, gleichzeitig erinnern die hinduistischen Texte und Lehrer uns aber auch immer wieder daran, wie unwahrscheinlich es ist, daß man im Augenblick des Sterbens an Gott denken wird, wenn man sein ganzes Leben lang nicht an Gott gedacht hat. Gleich nachdem er Arjuna unterwiesen hat, daß man einen Zustand erreichen wird, der mit dem Bewußtsein zum Todeszeitpunkt übereinstimmt, drängt Krishna ihn, daß er zu allen Zeiten an ihn denken soll. Dies ist der sicherste Weg, nach dem Tode Gott zu erlangen. In seinem

Kommentar erläutert Sankara, daß das Bewußtsein zum Zeitpunkt des Todes die Folge vergangener Handlungen ist und sich nicht unabhängig von diesen entwickelt hat. Man geht in den Körper über, der diesem Bewußtsein entspricht. So schreibt Sankara: „Um also zum Todeszeitpunkt die Handlungsfreiheit zu erlangen, sollten diejenigen, die sich nach dem zukünftigen Leben sehnen und glauben, Yoga praktizieren und nach dem rechten Wissen streben und durch das Vollbringen guter Taten besondere Verdienste erwerben. Alle heiligen Bücher raten davon ab, schlechte Taten zu vollbringen, denn im Augenblick des Sterbens kann für denjenigen nichts getan werden, der von seinen vergangenen Taten davongetragen wird."[74]

Die Bhagavadgita (9:25) zählt eine Reihe der nach dem Tode möglichen Seinsweisen auf. Diejenigen, welche die *devas* (Naturgötter) verehren, erhalten deren Status. Diejenigen, welche die *pitrs* (Ahnen) verehren, gehen zu diesen ein. Anhänger der *bhutas* (verschiedene gute und schlechte Geister) erreichen diese. Diejenigen aber, die Gott anbeten, erreichen Gott. Aus allen drei Welten oder Seinszuständen aber muß man sich letztlich doch wieder der Wiedergeburt unterwerfen. Selbst aus der Welt der obersten devas (*svagalokain*) kehrt man wieder zurück. Jene Welt erreichen diejenigen, die sie ersehnen, sich von allem Schlechten gereinigt und die entsprechenden religiösen Rituale durchgeführt haben. Man unterstreicht zwar die ungeheure Größe dieser Welt und ihre himmlischen Freuden, doch wird ebenso die unvermeidlich Rückkehr in die Welt der Sterblichkeit betont, wenn einst alle Verdienste verbraucht sind[75].

Das Verlangen nach den himmlischen Freuden und himmlischer Macht, so groß der Gewinn auch sein mag, führt nicht zur Erlösung aus dem Kreislauf von Geburt, Tod und Wiedergeburt. Solche Sehnsüchte und solche Welten gehören noch immer zur endlichen Welt von Ursache und Wirkung und sind daher ebenfalls endlich[76]. Nur das Erlangen Gottes stellt eine Befreiung von den Welten der Sterblichkeit sicher[77].

Die Upanishaden zählen eine ganze Reihe von Möglichkeiten auf, viele davon stehen in Einklang mit den in der Bhagavadgita genannten Optionen. Die himmlische Welt (*svagaloka*) und ihre Grenzen werden in den Upanishaden anerkannt. Von denen, die sie ersehnen, die an einen anderen als nur den physischen Körper glauben und die öffentlich Wohltaten und Dienste leisten, wird sie erreicht. Krishna spricht von *svagaloka* auch als der Belohnung für das treue Erfüllen der weltlichen Pflichten[78]. Der Pfad zum Himmel wird gleichwohl als ein Pfad der Dunkelheit bezeichnet, weil auf ihm keine Erkenntnis des wahren Selbst zu finden ist und auch er zu erneuter Wiedergeburt führen wird[79]. In den Upanishaden wird er *pitryana*, Pfad der Väter, genannt.

Die himmlische Welt stellen sich die Upanishaden als eine Sphäre der Freude vor, die sich diejenigen verdient haben, die sie ersehnten und deshalb gute Taten vollbrachten. Der einzelne kann in dieser Welt kein neues *karma* erwerben. Wenn die Wirkung der verdienstvollen Taten ‚aufgebraucht' ist, tritt der einzelne wieder in den Kreislauf von Geburt, Tod und Wiedergeburt ein. Die Chandogya Upanishad (V.x.5, 6) beschreibt die Rückkehr oder Wiedergeburt des einzelnen: Wenn sie bis zur Neige dort gewohnt haben, kehren sie auf dem gleichen Wege, auf dem sie gekommen sind, wieder zurück zum Akasa, von dort in die Luft. Nachdem sie Luft geworden sind, werden sie Rauch, nach dem Rauch Nebel. War einer Nebel, wird er Wolke, dann Regen, dann wird er wiedergeboren als Reis, Gerste, Kräuter und Bäume, Sesam oder Bohne. Danach wird aller Ausgang sehr schwer. Wer auch immer die Nahrung ißt, wer auch immer den Samen sät, er wird ihm gleich.

In seinem Kommentar zum Brahmasutra (II.I.24) behauptet Sankara, daß diese Anspielungen auf die Kontakte des einzelnen mit den verschiedenen Elementen eben nur Kontakte seien und nicht eine Verwandlung in diese Formen. Der Körper, mit dem sich das Selbst letztlich verbindet, wird im großen und ganzen durch das unverbrauchte Karma bestimmt.

Die Bhagavadgita (6:37–44) liefert ein gutes Beispiel für die Weise, wie frühere Handlungen und Gedanken eine angemessene Wiedergeburt aus der himmlischen Welt beeinflussen. Die Antwort Krishnas erfolgt auf Arjunas Frage nach dem Geschick des einzelnen, der im Yoga keine Vollkommenheit erlangt, obwohl er Glauben besitzt. Arjuna fragt: „Geht er nicht, o Starkarmiger, wie eine zerfetzte Wolke zugrunde, aus beiden herabgesunken, ohne Halt, verwirrt über den Pfad, der zum Ewigen führt?" Krishnas Antwort unterstreicht den inneren Zusammenhang zwischen dem neuen physischen Körper und dem früheren Verhalten: „Ein Mann, der vom Yoga abgefallen ist, wird, nachdem er in die Welt der Rechtschaffenen gelangt ist und hier sehr viele Jahre geweilt hat, im Haus reiner und glücklicher Menschen wiedergeboren werden. Oder er mag in einer Familie weisheitsvoller Yogins wiedergeboren werden. Denn eine solche Geburt ist hier auf Erden noch schwerer zu erlangen. Hier gewinnt er die Eindrücke wieder, die er in seinem früheren Leben entwickelt hat. Und damit strebt er, Arjuna, aufs neue nach Vollendung."

Mir scheint, daß *svargaloka* von denen, die ihn ersehnen und Verdienste erworben haben, erreicht werden kann und die Möglichkeit einer Wiedergeburt unmittelbar oder eine kurze Zeit nach dem physischen Tode gleichwohl gegeben bleibt.

Die Upanishaden gehen generell davon aus, daß die einzelnen Menschen aus dem Himmel als menschliche Wesen wiedergeboren werden, doch einige Texte deuten eine Wiedergeburt in nicht-menschlicher Form an. So erwähnt z.B. die Chandogya-Upanishad (V.x.7) die Möglichkeit einer Wiedergeburt als Tier, wohingegen die Kathaka-Upanishad (II.ii.5) sogar eine Wiedergeburt in unbeweglicher Form erwähnt. Die Funktion solcher Texte mag darin liegen, daß sie tugendhafte Handlungen inspirieren, aber sie können auch so interpretiert werden, daß in ihnen ein Hinweis auf die reale Möglichkeit einer Wiedergeburt in den genannten Formen gegeben wird. Man muß allerdings bedenken, daß das Individuum in keiner dieser

Formen neues Karma erwerben kann. Sind die Wirkungen nicht-verdienstvoller Handlungen erschöpft, kann der einzelne wieder ins menschliche Leben zurückkehren und seinen Weg hin zu *mokṣa* fortsetzen.

Eine weitere in den Upanishaden erwähnte Möglichkeit ist das Erreichen von *brahmaloka*, der Welt des Schöpfers. Von hier gibt es keine Rückkehr in die Welt der Wiedergeburten mehr. Gemäß der Advaita (nicht-dualistischen) Tradition, erreichen diejenigen *brahmaloka*, die Gott mit Inbrunst gesucht haben, deren Gotteserkenntnis aber dennoch durch ihre menschliche Wahrnehmung beeinflußt und begrenzt blieb. Es sind Gläubige einer ganz bestimmten Brahmanenschule *(saguna brahman)*. Diese Individuen bleiben in der Welt des *brahmaloka*, wo sie ihre spirituelle Reise fortsetzen und Gott als die einzige, alle menschlichen Definitionen und Vorstellungen übersteigende Wirklichkeit erkennen lernen, die letztlich vom grundsätzlichen menschlichen Selbst *(ātman)* nicht zu unterscheiden ist. Wenn sich der Kosmos auflöst, werden diese Individuen Freiheit erlangen. Der Pfad des *brahmaloka* wird in den Upanishaden als *devayana*, Weg der Götter, bezeichnet und als leuchtender Pfad geschildert, da er nicht in die Welt der Sterblichkeit zurückführt, sondern hinführt zur Befreiung am Ende des Schöpfungskreislaufs. Es ist ein Weg allmählicher Befreiung *(karma-mukti)* und beinhaltet die Reise ins *brahmaloka* und das Leben dort bis zum Ende des Kosmos. Wir werden sehen, daß dieser Weg zu unterscheiden ist von *sadya-mukti*, der unmittelbaren Befreiung in diesem Leben.

Die Chandogya-Upanishad (IV.xv.5) erwähnt ausdrücklich, daß das Erlangen von *brahmaloka* nicht vom Einhalten der Bestattungsrituale für den Verstorbenen abhängt. Das Individuum wird von einem Bewohner der Welt des Schöpfers eben dorthin geführt[80]. Man muß betonen, daß die Welt des *brahmaloka* nur denjenigen offensteht, die das Ewige voll Glauben, Selbstkontrolle und Askese suchen. Die Mundaka-Upanishad (I.ii.11) beschreibt diejenigen, die diesen Pfad gehen dürfen:

„Die aber, welche Buße und Glauben im Walde anhängen, friedvollen Herzens, der Wahrheit kundig auf ihren Almosengang ausziehen, die gehen durch das Tor der Sonne, frei von Fehl, dorthin, wo der unsterbliche, unvergängliche Purusha (Weltgeist) wohnt."

So wie man zeitweilig nach dem Tode des physischen Körpers in freudvolle Welten gelangen kann, kann man gleichermaßen unangenehme Welten erreichen. Die Bhagavadgita erwähnt z. B. an vier Stellen die freudlose Welt des *naraka*. In Kapitel 1 verleiht Arjuna seiner Befürchtung Ausdruck, daß der Verlust der Familientraditionen dorthin führen wird (1.42, 44), und im 16. Kapitel erwähnt Krishna *naraka* als das Ziel der Menschen, die dämonische Eigenschaften haben (16:16, 21). Sind die himmlischen Welten zeitlich begrenzt, weil die verdienstvollen Handlungen, die zu ihnen führen endlich sind, darf man wohl auch annehmen, daß die freudlosen Welten vergänglich sind, da auch die schlechten Handlungen einen endlichen Charakter aufweisen.

In der Vision der Upanishaden bringt das höchste Ziel eines Individuums nach dem Tode keine Reise mit sich. Für das Individuum, das gelernt hat, die Identität des Selbst (*ātman*) mit der letzten Wirklichkeit aller Dinge (*brahman*) zu begreifen, gibt es keine Abreise. Zum Zeitpunkt des Todes löst sich der physische Körper in seine Grundbestandteile auf und der feine Körper, der frei von allen selbstbezogenen Eigenschaften, die das Individuum durchdringen, ist, verbindet sich mit den feinen Elementen. Dieses Selbst, das die dualistische Welt von Raum und Zeit transzendiert, bleibt in sich beschlossen. Im Leben innerhalb des Körpers befreit (*jivan mukti*), ist solch eine Person im Tode ohne den Körper ebenfalls frei (*videha mukti*).

Viele wunderschöne Passagen der Upanishaden beschrieben diese Befreiung zu Lebzeiten. Eine der ausführlichsten ist die Beschreibung, die sich in der Brihad-Aranyaka-Upanishad IV.iv.6–7 findet: „Aber hinsichtlich dessen, der kein Verlangen hegt, welcher frei von Wünschen ist, dessen Wunsch das Selbst ist, dessen Wunsch erfüllt ist, aus dem ziehen die Hauche nicht fort. In ihm vereinigen sie sich. Er ist schon Brahman und geht in Brahman ein. Das sagt der Vers: ‚Wenn alle Wünsche schwinden, die in seinem Herzen wohnen, dann wird der Mensch unsterblich. Schon hier erlangt er Brahman.' Wie eine alte abgeworfene Schlangenhaut auf einem Ameisenhaufen liegt, ebenso liegt der Körper hier da. Der knochenlose, körperlose, erkenntnisreiche Ātman ist Brahman, ist die Welt.'"

Die Mundaka-Upanishad (II.ii.8, 9) verwendet ein in der hinduistischen Welt sehr beliebtes Bild: „Flüssen gleich, die hinabfließen und mit dem Erreichen der See ihre eigene Gestalt aufgeben, ihren Namen und ihre Form, so erreicht auch die erleuchtete Seele, von Namen und Form befreit, das in sich leuchtende Sein, das höher ist als der Höchste. Jeder, der das oberste Brahman erkennt, wird ja selbst Brahman. Er überwindet Trauer und erhebt sich über die Sünde; er wird frei von den Verknotungen des Herzens und erreicht Unsterblichkeit."

Sankar zitiert in seinem Kommentar dieser Upanishad (III.ii.6) das Mahabharata: „So wie die Spuren der Vögel sich nicht im Himmel finden und die Spuren der Fische nicht im Wasser, so ist auch die Abreise des Erleuchteten." Eine derart befreite Person ist der Wiedergeburt nicht mehr unterworfen[81].

In den Upanishaden finden sich sowohl realistische wie symbolische Beschreibungen der beiden Wege *devanyana* und *pitryana*, ja sogar der beiden Welten, in die sie führen; den Zustand der Freiheit allerdings zögern diese Texte näher zu beschreiben. Die menschliche Sprache, die begrenzt ist und angewiesen auf dualistische Unterscheidungen, ist völlig unzureichend, um diesen Zustand der Befreiung auf angemessene Weise zu fassen. In den Worten der Kathaka-Upanishad ist derjenige aus dem Rachen des Todes befreit, der das erkennt, was „ohne Laut ist, ohne Gefühl, ohne Farbe, ohne Veränderung, ohne Geschmack, ewig, ohne Geruch, ohne Anfang und ohne Ende". In der Brihad-Aranyaka-Upanishad (II.iv.14) meditiert Yajnavalkya über die Vergeblichkeit aller Versuche, den nicht-dualistischen Zustand beschreiben zu wollen: „Wenn für den, der Brahman erkennt, alles zum Selbst geworden ist, was soll man dann riechen und durch was? Was soll man dann sehen und durch was? Was soll man dann hören und durch was? Was soll man dann sprechen und durch was? Was soll man dann denken und durch was? Was soll man dann wissen und durch was? Durch was soll man den erkennen, durch den all dies erkennbar wird – wodurch, o Maitreyi, soll man den Erkennenden erkennen?"

Wenn aus den hinduistischen Berichten über das Leben nach dem Tode eines klar wird, dann dies, daß Leben und Tod zwei Punkte eines Kontinuums sind. Man erreicht nach dem Tode des physischen Körpers keinen Erfahrungsraum, der zusammenhanglos neben dem Leben im physischen Körper steht. Zum Zeitpunkt des Todes wird das wesentliche Selbst (*ātman*), in den feinen Körper gekleidet, auf eine Reise geschickt, deren Verlauf von den erworbenen Verdiensten und Strafen, von Sehnsüchten, Neigungen und Fähigkeiten abhängt. Unser Leben in dieser Welt ist nicht vernachlässigenswert, denn es ist der Zustand, der uns auf die nächste Stufe entläßt. Unter diesem allgemeinen Gesichtspunkt eröffnet die hinduistische Perspektive, vor allem die in den Upanishaden ausgedrückte, eine ganze Reihe von Möglichkeiten.

War unser Leben brutal, waren unsere Gedanken grausam und zerstörerisch, dann mag die Reise uns in die Regionen der Dunkelheit oder zu einer Wiedergeburt in nicht-menschlicher Form führen. Das Leben in diesem Zustand ist dann aber kein ewiges. Sobald die Wirkung der Taten, die diesen Fall verursacht haben, erschöpft ist, kehren wir in einen menschlichen Körper zurück, um unseren Weg fortzusetzen. Eine zweite Möglichkeit wäre die Wiedergeburt als Mensch ohne eine Reise in andere Regionen. Dieses Schicksal ist für eine tugendhafte Person vorstellbar, die an der Existenz anderer Welten zweifelt oder deren positive und negative Verdienste sich einigermaßen die Waage halten.

Die dritte Möglichkeit, die wir länger betrachtet haben, ist das Erreichen der himmlischen Welt (*svargaloka*). Wie wir gesehen haben, ist diese denjenigen zugedacht, die ein tugendhaftes Leben geführt haben, jedoch ein Leben der Freude im Jenseits als Lohn erwarten. Das Leben im *svargaloka* ist angenehm, dauert aber nicht ewig. Sobald die Früchte eines tugendhaften Lebens erschöpft sind, werden solche Individuen in der menschlichen Sphäre wiedergeboren. *Svargaloka* ist ein Reich des Genießens, in welchem es keine Möglichkeit zum Erwerben neuer Verdienste oder eines sonstwie gearteten Wachstums gibt.

Die vierte Möglichkeit ist die Reise ins *brahmaloka,* die Welt des Schöpfers, aus der kein Weg in die Sterblichkeit zurückführt. Es ist der erleuchtete Pfad für diejenigen, die Gott um Gottes willen suchen, und der die Gelegenheit zu liebender Kommunikation mit dem selbstgewählten Gott bietet. Da die Erfahrung des *brahmaloka* dualistische Grundvoraussetzungen hat, wird sie in der Advaita-, oder nicht-dualistischen, Tradition nicht als letztgültig anerkannt. Doch hat das Individuum in diesem Reich die Möglichkeit zu weiterer geistlicher Entwicklung, die in einem Verstehen der Identität eigenen Selbst und dem Selbst Gottes gipfeln wird. Dies ist der Weg der graduellen Befreiung, *karma mukti.*

Bei der fünften Möglichkeit gibt es keine Reise. Sie ist das Schicksal derjenigen, die in diesem Leben selbst die Identität zwischen Ātman und Brahman erkennen. Diese seltenen Personen gelten sogar in ihrem Körper als Erlöste. Kommt der Tod, werden sowohl der physische wie der feine Körper in ihre jeweiligen Elemente aufgelöst. Das ewige, leuchtende, befreite Selbst bleibt dann bei seiner eigentlichen Natur.

5
Der Buddhismus

Eva K. Neumaier-Dargyay

Viele Leben – viele Tode: die Grundannahmen

Der indische Kontext

Gautama Buddha, der historische Buddha, der entweder von 566 bis 486 v. Chr. oder von 448 bis 368 v. Chr. lebte, war aufs tiefste vom Bewußtsein um die Sterblichkeit des Menschen angerührt. Am Beginn seines geistlichen Weges sehnte er sich dorthin, wo es keinen Tod gibt. Das Überwinden und Transzendieren der Todesangst und all der Stufen, die zu ihr hinführen (also Alter und Krankheit), nimmt in der buddhistischen Erlösungslehre einen zentralen Platz ein. Diese Sehnsucht nach dem Überwinden des Todes, wie sie die ältesten buddhistischen Texte dem Gautama Buddha zuschreiben, war eingebettet in ein ganzes Gewebe verschiedenster Ansichten über Sterblichkeit und Existenz, die im Indien des fünften und sechsten Jahrhunderts v. Chr. allgemein verbreitet waren. Diese allgemeinen Glaubensvorstellungen beruhten auf der Annahme, daß das Leben ein sich stets wandelnder, aber endloser Prozeß ist, in dem der Tod nur eine immer wiederkehrende Phase darstellt. Die diesen Prozeß in Gang haltende Energie sah man im Karma, wörtlich „Handlung", angesiedelt. Im klassischen Indien wurde diese endlose Lebenskette eher als Fluch denn als etwas Angenehmes betrachtet, so wie auch die Existenz selbst als schmerzvoll und unbefriedigend erfahren wurde. Der Buddhismus nahm die allgemeine indische Sicht von Karma und endlosen Lebensringen und Toden auf und verband sie mit seinen eigenen theoretischen und philosophischen Ideen.

Allgemeine buddhistische Ansichten über das Wesen der Existenz

Anders als bei den meisten anderen Religionen basiert die Autorität der Texte im Buddhismus auf der Tatsache, daß sie von den Erfahrungen eines menschlichen Wesens (Buddha Gautama) und anderer Menschen sprechen, die wie er die Erleuchtung gefunden haben. Einer der ältesten Texte zitiert Buddha, der sagt, daß seine Jünger Worte nicht glauben sollen, nur weil er sie geäußert habe, sondern weil sie dem prüfenden Verstand standhalten und der eigenen Erfahrung entsprechen. Die in dieser Haltung reflektierte buddhistische Weise zu denken, wird beispielhaft auch in den folgenden Ausführungen deutlich. Die Basis buddhistischen Denkens ist in der Lehre von den Vier Edlen Wahrheiten und den zwölf Stufen des Zusammenhangs niedergelegt. Beide sollen kurz beschrieben werden.

Die Texte sprechen davon, daß Buddha in der Nacht, als er erleuchtet wurde, Einblick in die Natur der menschlichen Existenz nahm. Diese Einsicht wird komprimiert in der Formel von den Vier Edlen Wahrheiten. Kurz gesagt hält diese Formel fest, daß die Existenz, wie sie vom Menschen und von anderen Wesen erfahren wird, unbefriedigend und voller Leiden ist. Dieses Leiden wird verursacht von einer Sehnsucht nach Dauer und Identität. Leiden wird also durch Sehnsucht verursacht und wird enden, wenn die Sehnsucht aufhört: Dies ist das Nirvana – frei vom Tod, unerklärlich, jenseits aller Worte und Gedanken. Um das Nirvana zu erreichen, soll man dem sogenannten achtfachen edlen Pfad folgen, der drei Aspekte aufweist, nämlich eine Ethik, die alles Existierende in seinem eigenen Recht respektiert; eine Einsicht in das Wesen der Dinge; das Vervollkommnen des Geistes durch Meditation. Die Vier Edlen Wahrheiten sind zu einer Art Grundplan buddhistischer Erlösungslehre geworden und haben eine umfangreiche Literatur hervorgebracht. Die drei Weisen der geistlichen Entwicklung finden ein Echo – wir werden es sehen – im *Tibetischen Toten-*

buch, dem bedeutendsten buddhistischen Text, der sich ausschließlich mit dem Thema Tod befaßt.

Die Lehre von den Vier Edlen Wahrheiten wird ergänzt von einer Lehre über den Zusammenhang aller Erscheinungsformen der Existenz. Sie besagt in Kürze, daß alle Existenz mit einer „Sehnsucht nach dem Sein" beginnt, die auf einem Mißverständnis über das Fließen und die Zweideutigkeit der Phänomene beruht. Die Sehnsucht nach dem Sein bewirkt die Entwicklung des Körpers, der Sinneskräfte und der geistigen Fähigkeiten. Durch die Sinneskräfte wird der Kontakt mit der äußeren Welt möglich, der wiederum Gefühle mit sich bringt, die den einzelnen sich festhalten lassen. Das Reagieren auf und das Festhalten an den Anregungen bringt Handlungen, Karma, hervor, die weitere Existenzen verursachen. Dieser Prozeß wird traditionell in zwölf Stufen unterteilt. Ganz allgemein sieht der Buddhismus das gesamte Universum als ein Gewebe von gegenseitig abhängigen fliehenden Momenten, die sich fortwährend verändern und reproduzieren. Es gibt keine Substanz oder Essenz (im Sinne der scholastischen Philosophie), die Inseln der Beständigkeit in einem Meer der Unbeständigkeit sein könnten. Dies trifft auch für die Menschen zu. Für viele Nicht-Buddhisten ist verwirrend, daß der Buddhismus den Gedanken einer beständigen geistigen Essenz, die im menschlichen Körper angesiedelt ist („Seele"), als ein Konzept betrachtet, das keiner logischen Untersuchung standhält und deshalb als unbegründet verworfen werden muß. Hier handelt es sich um den buddhistischen Gedanken des „Nicht-Selbst".

Allgemeine buddhistische Vorstellungen über Tod und Sterben

Wie kann der Buddhismus den Gedanken der Wiedergeburt, der auf eine Fortführung der Existenz hinausläuft, mit dem vom Nicht-Selbst in Einklang bringen? Wenn es kein Selbst gibt, was wird dann wiedergeboren? Natürlich waren sich die

Buddhisten der Tatsache bewußt, daß es ein Zentrum gibt, welches koordiniert und die vom einzelnen empfangenen Sinnesdaten reflektiert, und auch darüber, daß es so etwas wie Individualität gibt, die ein Individuum vom anderen unterscheidet. Das stellten sie niemals in Zweifel. Beim Beobachten und Analysieren des menschlichen Wesens (und auch anderer lebendiger, fühlender Wesen) glaubten sie eine endlose Reihe von Phänomenen entdecken zu können, aus denen das Individuum zusammengesetzt ist. Diese lassen sich in fünf Kategorien unterteilen: physische Phänomene, Gefühle, Sinneswahrnehmungen, Reaktionen auf Sinneswahrnehmungen und Bewußtsein. Die Seele, wie sie allgemein verstanden wird, kann, so argumentierten sie, unter den Phänomenen dieser fünf Kategorien nicht gefunden werden. Auch spricht nichts dafür, daß sie außerhalb dieser Kategorien existiere oder mit einem der Phänomene, die zu den fünf Kategorien gehören, identisch sei.

Man muß sich diese Kategorien wie Ströme vorstellen, deren Zusammensetzung sich andauernd ändert. In jedem Strom treibt ein Energiemoment den Prozeß an und garantiert die Fortdauer über den Tod des Individuums hinaus. In der traditionellen buddhistischen Ausdrucksweise kann man weder sagen, daß das wiedergeborene Individuum dasselbe ist wie das verstorbene, noch daß es vollkommen unterschieden davon wäre. In buddhistischer Sicht ist der Tod ein umfassenderer Wandlungsprozeß, als man annehmen möchte. „Ich" werde nicht wiedergeboren, sondern eher die Ergebnisse dessen, was ich in und mit meinem Leben meinen Leben getan habe. Dieses Moment der Umwandlung bietet eine Gelegenheit, all dies rasch der Erleuchtung entgegenzutreiben. Hier nun hat das *Totenbuch der Tibeter* seinen Platz. Im Westen ist es mehr als andere buddhistische Texte, die sich mit dem Tod beschäftigen, bekannt geworden. Wir werden uns genauer damit beschäftigen.

Um den Text aber in einen größeren Zusammenhang zu stellen, müssen zunächst die buddhistischen Gedanken über den Tod und das Sterben betrachtet werden. Der Moment des Todes wird durch ein erhöhtes Bewußtsein nicht nur um das nun endende Leben, sondern auch um die Grenzen der normalen Existenz charakterisiert. Im Augenblick des Todes ist der Geist offen und kann auch Dinge, die sonst außerhalb seines Fassungsvermögens stehen, begreifen. Dieses erhöhte Bewußtsein eröffnet die Möglichkeit, einen „geistlichen Abkürzungsweg" einzuschlagen, statt der sonst üblichen langen und harten Reise durch zahlreiche Leben.

Die besondere Schärfe des Geistes im Augenblick des Todes wird in einer Sprache ausgedrückt, die auf den Moment der Erleuchtung abhebt. Die Mythen vieler Kulturen und Zivilisationen setzen das Leben danach mit einer Lichterfahrung gleich. Frühe wie späte Texte des Buddhismus drücken solche Ansichten aus, wenn sie dem Geist in seiner ursprünglichen Form Lichtqualität zuschreiben[82]. Im Augenblick des Todes wird der Sterbende sich seiner in Form von extremer Lichtstrahlung bewußt. Das *Totenbuch der Tibeter* spricht von den verschiedenen Phasen der Nachtoderfahrung, zu denen die Wahrnehmung von Licht gehört, und lehrt, wie man darauf reagieren soll. Allerdings gibt es in den buddhistischen Traditionen auch Stimmen, die das *Totenbuch* ablehnen.

Sterben und Wiedergeburt in der Sicht der Traditionen

Unstimmigkeit der Traditionen

Allen buddhistischen Traditionen sind einige grundsätzliche Ansichten über den Tod gemeinsam, nämlich einmal, daß sich im Augenblick des Todes physische von mentalen Teilen trennen, was schließlich zur Verwesung des Körpers führt; und ferner, daß der Strom der Phänomene, aus denen die vier geistigen Kategorien bestehen (Gefühle, Sinneswahrnehmung, Reaktion auf Sinneswahrnehmung, Bewußtsein) vom Karma dazu getrieben wird, eine Verkörperung zu suchen, die den karmischen

Gegebenheiten entspricht. Unterschiedliche Meinungen bestehen mit Blick auf die folgenden Fragen: Wie können die Bestandteile des Geistes die Distanz vom Ort des Sterbens dorthin überbrücken, wo die neue Verkörperung geschieht? Wie können sie ohne Körper „reisen"? Vergeht Zeit, bis die geistigen Bestandteile den Ort der Wiedergeburt finden? Und wenn ja, wieviel?

Die Pali-Tradition

Die Pali-Texte stellen eine verhältnismäßig frühe Stufe in der Entwicklung buddhistischen Denkens dar. Sie unterstreichen die allgemein geteilten Ansichten über den Tod, gehen aber auch davon aus, daß die Geistesbestandteile wegen ihrer immateriellen Natur nicht von den Grenzen des Raumes und der Zeit eingeschränkt werden und infolgedessen kein Hindernis darstellen bei der Überwindung von Distanz, wie es mit Blick auf den materiellen Körper der Fall ist. Nach dieser Tradition verstreicht folglich keine Zeit zwischen dem Augenblick des Todes und der neuen Verkörperung. Tod und Wiedergeburt (in der Form einer Empfängnis) folgen unmittelbar aufeinander.

Der große Kommentator und Ausleger der Pali-Tradition, Buddhaghosa, erhellt diesen Prozeß von Tod und Wiedergeburt mit einer Reihe von Parabeln in seinem enzyklopädischen Werk *Visuddhimagga*[83]. Er sagt, das Auseinanderfallen der fünf Kategorien des früheren Lebens und ihre Neuformation im kommenden sei dem Rezitieren eines Textes durch einen Lehrer vergleichbar, der dann im Munde des Schülers wiederholt wird. In einer weiteren Analogie wird der Vorgang mit einer Kerzenflamme verglichen, die eine andere Kerze ansteckt. In beiden Fällen wird der frühere Prozeß beendet, löst jedoch einen neuen aus, der strukturelle Ähnlichkeit mit dem ersten aufweist. Buddhaghosa besteht darauf, daß aus dem früheren Leben nichts im nächsten weiterbesteht. Die Unmittelbarkeit der Wiedergeburt vergleicht er mit dem Prozeß der Sinneswahrnehmung, bei welchem das Bewußtsein eines visuellen Eindrucks unmittelbar, ohne Zeitverschiebung, auf den Augenblick der Sinneswahrnehmung folgt. Der Pali-Tradition ist die Vorstellung eines Zwischenzustands (Tibetisch *bar do*) also fremd, der der Ort ist, an dem sich nach dem *Tibetischen Totenbuch* ein Drama entfaltet. Es wäre jedoch falsch, wollte man annehmen, daß alle Nikaya-Traditionen (oft auch Hinaya-Schulen genannt) diese Ansicht teilen.

Die Abhidharmakosha-Tradition

Wie das *Visuddhimagga* ist auch das *Abhidharmakosha* eine Enzyklopädie buddhistischen Denkens und Handelns. Beide Werke stammen aus dem 5. Jahrhundert v. Chr. Ersteres gibt jedoch die Gedankenwelt der Pali-Tradition wieder, letzteres die der späten Sarvastivadin-Tradition, beeinflußt von der Satranika-Tradition (beides sind Nikaya-Traditionen, die das Sanskrit dem Pali vorziehen)[84]. Das *Abhidharmakosha* widmet sich all den Themen, die das Kernstück des *Totenbuches* bilden. Insbesondere äußert es sich detailliert über das Konzept eines Zwischenzustands (Sanskrit: *antarabhava*; Tibetisch: *bar do*), das die fünf Kategorien (physische Phänomene, Gefühle, Sinneswahrnehmung, Reaktion auf diese, Bewußtsein) als zwischen zwei Bestimmungsorten, einem vergangenen und einem zukünftigen, einordnet[85]. Darüber hinaus schreibt das *Abhidharmakosha* dem Zwischenwesen eine Reihe von Eigenschaften zu: Es ist nur für Geschöpfe der gleichen spirituellen Beschaffenheit erkennbar; es besitzt alle Sinne (die Tastsinne sind nur illusionärer Natur); es ist unbehindert von allen materiellen Barrieren und Distanzen. Anders als das *Totenbuch*, das ja für das Zwischenwesen die Fähigkeit zur freien Wahl der Wiedergeburt annimmt, betrachtet das *Abhidharmakosha* den Weg des Zwischenwesens allerdings als durch das Karma prädestiniert. So sieht Buddhaghosa den Tod wohl als das Ende eines Prozesses an (der allerdings einen neuen, die Wiedergeburt, einleitet), das *Abhidharmakosha* geht dagegen von einer Fortsetzung der je eigenen Struktur der fünf Kategorien über den Tod hinaus aus, wenngleich mit drastisch veränderter Form. Buddhagosa stellt kategorisch in Abrede, was gleichwohl im *Abhidharmakosha* stellvertretend anerkannt wird, nämlich daß aus dem zu Ende gegangenen Leben etwas in das neue Leben übertragen wird.

Die Perspektive des Mahayana

Diese Sicht verstärkte sich und wurde in einigen Mahayana-Texten überliefert, z. B. dem *Bodhisattvabhumi*[86] und dem *Vijnaptimatratasiddhi*[87] sowie verwandten Texten, die den Gedanken von einem Zwischenzustand und einem diesem innewohnenden Wesen bestätigen. Dieses Wesen ist wie ein Klon des Verstorbenen und kann so einige von dessen Erfahrungen noch einmal erleben. In den Mahayana-Texten wird allein die Frage nach der Art der Verwandlung der fünf Kategorien des Verstorbenen in die des Zwischenwesens und dann des Wiedergeborenen diskutiert. Diese Ansichten wurden dogmatisch untermauert, indem man auf die kanonischen Berichte besonders fortgeschrittener Jünger verwies, die nach dem Tode das Nirvana erreichten, während sie sich in einem Stadium befanden, das dem Zwischenzustand glich.

Die tibetische Tradition

In der tibetischen Tradition werden all diese Stränge so miteinander verwoben, daß man zu einer kraftvollen Vision dessen, was Leben und Tod für einen Menschen auf der Suche nach dem Nirvana bedeuten können, gelangt. Die Lehren des *Tibetischen Totenbuches* sind fraglos im Denken des Mahayana verwurzelt. Die Metaphern mögen manchmal aus uralten Inspirationen bezogen sein, doch die Philosophie und Erlösungslehre dahinter ist durch und durch buddhistischer Natur.

Die tibetische Lehre vom Sterben und von der Wiedergeburt

Blickt man auf die Beschreibung der Bestattungsriten, wie sie zur Zeit der kaiserlichen Dynastie von Tibet (618–842 n. Chr.) vollzogen wurden, so scheint die tibetische Kultur vom Tod und von der Sterblichkeit fasziniert zu sein[88]. Dies wird deutlich, wenn man einige Einzelheiten des Bestattungsritus betrachtet.

Die Körper der verstorbenen Mitglieder der kaiserlichen Familie wurden verschiedenen Stufen eines Bestattungsritus unterworfen, der sich über Jahre erstreckte. Bald nach dem Tode wurden die Eingeweide vom Rest des Körpers getrennt und häufig mit Goldstaub vermischt, um dann in besonderen Gefäßen aufbewahrt zu werden. Mittlerweile wurde der Körper entweder mumifiziert oder so behandelt, daß das Fleisch von den Knochen fiel. Schließlich wurden die diversen Überreste in einer ausgeklügelten Prozession zu einer Grabstätte gebracht, die an Glanz und Ausstattung (wenn auch nicht an Größe) den ägyptischen Pyramiden durchaus gleichkam[89]. Unglücklicherweise wurden die Grabstätten bald nach dem Ende der kaiserlichen Dynastie im 9. Jahrhundert von Grabräubern geöffnet – und die kulturelle und politische Situation im heutigen Tibet erlaubt keine archäologischen Grabungen bei den Gräbern, die man als unberührbare heilige Stätten ansieht. Anders als andere asiatische Kulturen bot die tibetische für die Entwicklung buddhistischer Ideen zu Tod und Sterben fruchtbaren Boden, so daß diese sich zu einem Lehrgebäude für die Lebenden entwickeln konnte, wie man sich auf den Augenblick des Sterbens vorbereiten kann. Deutlichsten Ausdruck finden diese Lehren im *Totenbuch der Tibeter* (tibetischer Titel: *Bar do thos grol, Die Befreiung vom Zwischenzustand durch das Hören dieser Lehre*).

Textlage

In der gegenwärtigen Diskussion tibetischer Texte, die mit Tod und Bestattungsriten zu tun haben, sind verschiedene Genres unter einem Oberbegriff „Totenbuch" zusammengefaßt worden, was zu der Annahme verleiten könnte, daß es mehrere Totenbücher der Tibeter gäbe[90]. Die verschiedenen Ausgaben des tibetischen *Bar do thos grol,* das gemeinhin, wenngleich fälschlich als *Totenbuch der Tibeter*[91] bekannt ist, weisen aber darauf hin, daß es einen Zyklus von Texten mit identischem Kern gibt, wobei die Sekundärliteratur variiert. Der Text, der die Sterbenden unterrichtet, wie die Visionen und Einsichten, welche unmittelbar auf den Moment des Todes folgen, zu verstehen sind, muß von weiteren tibetischen Texten unterschieden werden, die bei Bestattungsritualen Anwendung fanden. Das *Bar do thos grol* wird nur von einigen Anhängern der Alten Schule (*rNying ma pa*) und der *bKa' brgyud pa*-Schule im tibetischen Buddhismus sowie einzelnen Anhängern anderer Schulen benutzt.

Rituale, die die Toten in das Jenseits begleiten

In der tibetischen Kultur gibt es offensichtlich einen großen Reichtum an je nach Region und religiöser Tradition unterschiedlichen Bestattungsriten. Ich möchte dies mit einem Hinweis auf Feldstudien zeigen, die ich 1979 in Zanskar, einem Tal des südlichen Ladakah, machen durfte[92]. Ich wohnte der Bestattung eines älteren Mannes bei, der einem *dGe lung* Kloster verbunden gewesen war. In diesem Fall war der Leichnam in den Kleidern des Verstorbenen in Fötushaltung zusammengebunden worden. Er war mit Emblemen der fünf Buddhas, im Westen oft Adi Buddhas genannt, geschmückt. Mönche aus dem nahegelegenen *dGe lung* Kloster standen um den Leichnam. Indem sie aus dem *Guhyasamaja tantra* rezitierten, sprachen sie den Toten als ‚Buddha' an. Sobald der Leichnam auf dem Scheiterhaufen lag, kehrten die Mönche, bis auf zwei, ins

Kloster zurück. Die Überwachung der Einäscherung lag in den Händen eines Verwandten. Auf meine Frage, ob man sich vorstellen könne, auch das *Bar do thos grol* zu verwenden, wurde mir geantwortet, daß man mit einem *dGe lung* Kloster verbunden sei und diesen Text daher nicht verwenden würde.

Unsere gegenwärtigen ethnographischen Kenntnisse Tibets sind nicht groß genug, um generelle Aussagen über die Bestattungsriten und die dabei verwendeten Texte zu erlauben. Dies soll jedoch die Bedeutung des *Bar do thos grol* als eines der großen Werke der Menschheit über das Erlebnis des Todes nicht schmälern.

Das Bar do thos grol

Textüberlieferung

Das *Bar do thos grol* (*Befreiung vom Zwischenzustand durch das Hören der Lehre*) gehört zu den sogenannten *gter ma* oder Schatztexten[93]. Es besteht aus Werken, Traditionssträngen, die von Padmasambhava zusammengestellt oder zumindest inspiriert wurden. Dieser tantrische Meister wurde in der tibetischen Literatur des 14. Jahrhunderts eine Symbolfigur, der man zuschrieb, den indischen Buddhismus an die Eigenheiten Tibets im 8. Jahrhundert angepaßt zu haben. Innerhalb wie außerhalb Tibets ist die Frage nach der Historizität Padmasambhavas zu einer Streitfrage unter den Gelehrten geworden. Welche Position man in dieser Frage auch einnehmen mag, die Autorität der Schatztexte beruht auf Padmasambhava und seiner Bedeutung für die religiöse Tradition Tibets. Nur die Anhänger der Alten Schule *(rNying ma pa)* und der *bKa'brgyud* Schule betrachten die Schatztexte als authentische religiöse Texte (mit einigen Ausnahmen aus dem *dGe lungs pa*).

Nach den einheimischen Berichten waren die Tibeter des 8. Jahrhunderts, also der Zeit, als Padmasambhava in Tibet weilte, nicht reif genug, diese Texte zu verstehen. Also versteckte sie Padmasambhava in den Aushöhlungen von Tempelstatuen, in den Dachböden von Tempeln und Wallfahrtsstätten und, noch häufiger, in den Spalten und Höhlen der Bergklüfte. Er hinterließ Prophezeiungen, die den Zeitpunkt ihrer Wiederentdeckung und den Finder voraussagten. Das Auffinden der Schatztexte und ihre folgende Interpretation (die Originale sollen oft in geheimnisvoller Schrift verfaßt gewesen sein) soll von Visionen und Symbolträumen inspiriert und begleitet worden sein.

Die meisten der Schatztexte wurden ab dem frühen 14. Jahrhundert entdeckt. Ihre Entdeckung brachte eine breite, wenn auch noch wenig erforschte Literatur hervor. Einer dieser Texte ist das *Bar do thos grol*. Es bildet das Kernstück eines größeren Zyklus, der unter dem Namen *Die spontane Befreiung durch Kontemplation der friedvollen und zornigen Gottheiten* (*zhi khro dgongs pa rab gsal*) bekannt ist.

Das Bar do thos grol und sein Entdecker

Die Entdeckung des Textes auf dem Berge sGampo-gdar, dessen genauer Ort nicht bekannt ist, wird dem tantrischen Meister Karma-gling-pa (geboren zwischen 1326 und 1386) zugeschrieben[94]. Es sind Handschriften und Xylographen des Textes überliefert; bekannt wurde er vor allem durch einen indischen Nachdruck aus dem Jahre 1969[95]. Es gibt keine kritische Edition, die Textgeschichte bleibt uns unbekannt.

Im Westen ist das *Totenbuch* gleichwohl der bekannteste tibetische Text. Es wurde in verschiedene europäische Sprachen übersetzt, einige davon gaben Anlaß zu sekundären Übersetzungen, von denen viele mehrfach aufgelegt wurden[96]. Ein großer Teil dieser Popularität geht sicher auf C. G. Jungs psychologische Kommentare zurück. Jung findet darin die Bestätigung seiner These, daß die Psychoanalyse Freuds nicht über sexuelle Phantasien hinausgeht. Man muß allerdings sehr sorgfältig untersuchen, inwieweit Jung den buddhistischen Gedanken Gerechtigkeit widerfahren läßt. Ohne z.B. gute Gründe für seine Entscheidung zu nennen, ersetzt er den buddhistischen Begriff „Geist" (tibetisch: *sems*) durch Seele, dabei läßt er gänzlich die Tatsache unerwähnt, daß der Buddhismus ein solches Konzept gänzlich ablehnt[97].

Die Lehren des Textes

Das *Bar do thos grol* besteht aus drei Teilen:

1. Erkennen der ursprünglichen Erleuchtung im Augenblick des Todes (Zwischenzustand des Todes, *'chi kha'I bar do*).
2. Erkennen des wahren Seins in den Formen der friedvollen und der zürnenden Gottheiten (Zwischenzustand des wahren Seins, *chos nyid bar do*).
3. Verhindern der Wiedergeburt in dieser Welt (Zwischenzustand des Werdens, *srid pa'i bar do*).

Diesem Teilen geht eine Erklärung voraus, für wen der Text verfaßt wurde und wann er rezitiert werden soll. Diese drei Teile sollen im folgenden noch detaillierter dargestellt werden.

Wer im Leben genügend geistliche Einsicht gewonnen und danach gehandelt hat, wird im Augenblick des Todes der ursprünglichen Erleuchtung gewahr und wird diese unmittelbar als nicht unterscheidbar vom eigenen Geist in seiner Reinheit und vom Nichts verstehen können. Dies bezieht sich auf das Unaussprechliche und Undenkbare, im heutigen intellektuellen Diskurs „Semiotik" genannt, das die Grundlage für alle Falschbestimmung und Mehrdeutigkeiten der Existenz darstellt. Die Person wird dann nicht in einen Zwischenzustand, sondern sogleich ins Nirvana eingehen. Die Wahrnehmung der Erleuchtung ist jedoch nicht nur auf solche Personen beschränkt. Im Gegenteil, jede Person wird diesen Augenblick erfahren, doch Personen mit geringerer geistlicher Erfahrung werden ihn nur für einen Moment wahrnehmen und sogar davor erschrecken. Gewöhnlich dauert der Augenblick der Erleuchtung „nicht länger als es braucht, um ein Mahl zu beenden", nachdem der „äußere Atem" aufgehört hat, der „innere Atem" aber noch da ist. Der Gedanke eines „inneren Atems" ist in der indischen Gedankenwelt durchaus weit verbreitet. Der Begriff bezeichnet die Lebenskraft, die man sich als dem Atem ähnlich vorstellt und als in drei Bahnen entlang der Wirbelsäule laufend. Dieser Atem nährt und beeinflußt die Geistestätigkeit. Der ‚innere Atem' wird häufig mit einem Pferd verglichen, auf dem der Geist reitet. Die Vorstellungen von ‚innerem Atem' und ‚Pfad' liegen vielen Lehren des *Bar do thos grol* zugrunde. Kurz bevor der Tod eintritt, ziehen sich die Lebenskräfte auf dem zentralen Pfad zusammen und treten durch die Schädelkrone aus. Dieser Prozeß ist als ‚Entlassen des Geistes *('pho ba)* bekannt. Manche Personen können dieses Entlassen des Geistes bereits zu Lebzeiten üben, so daß der Geist den Körper im Augenblick des Todes ohne Zögern und störende Angst verlassen kann. Die Tradition spricht davon, daß die Meister dieser Meditation in der Lage sind, den Tod aus Willenskraft herbeizuführen.

Wenn der Sterbende dieses geistliche Entwicklungsstadium noch nicht erreicht hat, wird der geistliche Führer (dies kann ein Mönch, eine Nonne oder ein qualifizierter Laie sein) fortfahren, das *Bar do thos grol* zu lesen, und dem Sterbenden so mitteilen, wie die bevorstehenden Visionen zu interpretieren sind. Diese Phase wird „Zwischenzustand des Seins-an-sich" (*chos nyid bar do*) genannt. Die erste Vision nach der des ursprünglichen Lichts ist ein Licht von äußerstem Glanz, in dem die fünf Buddhas (*rigs lnga*) erscheinen, von denen jeder eine je eigene Farbe, Hauptrichtung und Weisheit als Attribut aufweist. Ihre farbenfrohen Bilder sind in solch glänzendes Licht gebadet, daß es die Augen des Toten blendet. Das Mitgefühl eines jeden Buddha agiert als eine Art Rettungshaken, an dem der Tote aus dem Zwischenzustand gezogen wird, während die Weisheit des Buddha, symbolisiert in seiner Gefährtin, von hinten anschiebt. Offensichtlich stellt sich das Bergvolk der Tibeter die Reise durch den Zwischenzustand ähnlich wie ein Klettern über felsige Klippen vor. Jeder Buddha aus der Fünfheit erscheint zunächst in friedvoller Form und dann in seinem zürnenden Anblick. Jedesmal wird er von angemessenem Gefolge begleitet. Wenn man mit der buddhistischen Ikonographie nicht vertraut ist, kann man die zürnenden Aspekte der Buddhas irrtümlich für Dämonen oder Teufel halten. Trotz ihrer Erscheinungsweise repräsentieren die zürnenden Gottheiten gleichwohl das äußerste Mitleiden des Buddha. Der furchterregende Anblick soll die Person aus ihrer Starre reißen, so daß sie den Weg zur Erleuchtung weitergehen kann.

Der dritte Teil, der Zwischenzustand des Werdens, ist von den beiden ersten Teilen des Textes klar getrennt durch ein Kolophon (einen Abschnitt, der Autor und Schreiber des Textes nennt). Inhaltlich ist er insofern unterschieden, als er von Erinnerungsfragmenten aus dem früheren Leben handelt sowie darüber, wie die emotionale Reaktion des Verstorbenen auf die Erinnerungen die Grundlage für das sich nun anbahnende Leben bildet. Auch der Stil ist ganz anders. In den beiden ersten Teilen findet sich die abgeklärte Sprache von meditativen Texten, der dritte Teil dagegen stellt die Visionen des Verstorbenen als realistische Alpträume dar. Wir lesen, wie Hunde den Toten hetzen, blind machende Schneestürme ihn nach Schutz suchen lassen, wie Soldaten und Banditen darauf warten, ihn zu verstümmeln. Ganz zu Beginn wendet sich dieser Teil der Beobachtung zu, daß es im Geist der verstorbenen Person ein Körperbewußtsein gibt. Die verstorbene Person habe demnach ein Körperbewußtsein, das auf der einen Seite den früheren Körper reflektiert, auf der anderen Seite schon den zukünftigen Körper ahnt. Dieser „Erscheinungskörper" verleiht dem Verstorbenen die Gefühle von Sorge, Furcht, Sehnsucht – doch anders als der physische Körper wird er nicht von Raum und Zeit begrenzt. Er kann Entfernungen schnell überwinden und physische Objekte durchdringen, als gäbe es sie gar nicht. Er kann die Welt der Lebenden beobachten und auf sie emotional reagieren, aber er kann sich den Lebenden nicht verständlich machen, die sich seiner nicht bewußt sind. Und so empfindet sich die tote Person als isoliert, frustriert, verzweifelt, denn sie kann nicht begreifen, daß Freunde und Verwandte ihr Schicksal nicht kennen. Die tote Person wird folgendermaßen belehrt: „Halte dich nicht fest an diesen Erscheinungen, was sie auch sein mögen; sehne dich nicht, verzehre dich nicht nach ihnen! Wenn du dich aber aus Sehnsucht nach ihnen verzehren solltest, dann wirst du mitten in die Schmerzen stürzen, wenn du unter den sechs Formen des Seins (d. h. Göttern, Titanen, Menschen, Tieren, hungrigen Geistern und Bewohnern der Hölle) wanderst. Obwohl du dem Zwischenstadium des wahren Seins ausgesetzt warst, hast du seinen Sinn nicht begriffen, und nun mußt du hier wandern. Wenn du nun die Kraft findest, dich den Dingen, wie sie sind, zu unterwerfen, dann wirst du die Natur des Geistes als in seiner Erleuchtung ganz leer, nackt und verzehrend begreifen, so wie es dich dein geistlicher Führer zuvor gelehrt hat. Bleibe in der Ruhe dieses Zustands, der ohne Sinneswahrnehmung und Tätigkeit ist. So wirst du nicht in einen Mutterschoß eingehen, sondern die Befreiung finden."[98]

Wenn die Toten nicht in diesem Zustand des Gleichgewichts bleiben können, wird ihnen geraten, sich auf ihren geistlichen Lehrer zu konzentrieren, in der Gestalt der Schutzgeister, die sein Haupt umfliegen. Wenn aber das karmische Erbe zu schwer wiegt, wird der Tote immer tiefer in das Wiedererleben wichtiger Ereignisse des früheren Lebens hineingezogen, die seine zukünftige Existenz bestimmen. Gefühle von Sehnsucht, Haß und Dummheit dominieren nun immer stärker. Der Text paßt seine Ratschläge nun dem schwindenden geistigen und geistlichen Potential des Toten an. Wenn der Tote nicht verstehen kann, daß Leere in der Erleuchtung die wahre Natur des Seins ist und die Vision von den fünf Buddhas, dem Lehrer und den Schutzgottheiten deren Manifestation ist, dann wird eine Wiedergeburt unvermeidlich. Die einzige Möglichkeit, dem Toten beizustehen, liegt darin, ihm Führung für die Wiedergeburt anzubieten, welche die geistliche Entwicklung stärkt und das dem Schmerz Ausgesetztsein verringert.

Lebhaft werden die mitleiderregenden Gefühle des Toten beschrieben: „Du wirst dich in die Ecke gedrängt fühlen, verwirrt, zerstreut, durcheinander. Dann wirst du nur denken ‚ich bin tot. Was kann ich bloß tun?' – Und während du dir dieser Gedanken bewußt wirst, wird dich Selbstmitleid ganz und gar übermannen. Dabei wirst du unendlich leiden. Fühle dich nicht einem Ort allein zugetan, denn du wirst wandern müssen. Denk daran! Versuch nicht, dies und das zu tun, sondern bewahre deinen Geist in vollkommenem Gleichgewicht. Es wird die Zeit kommen, da du nichts zu essen haben wirst als die Gaben des Bestattungsrituals, wenn du dich nicht mehr auf deine Freunde verlassen kannst. Dies sind die Zeichen, daß du als ein Erscheinungskörper das Zwischenstadium des Werdens durchwandern mußt."

Wenn der Tote sich nicht an diesen Rat hält, muß er sich dem Urteil über seine früheren Handlungen stellen, das nach dem Text in einer Gerichtsverhandlung gefällt wird. Yama, der Todesgott, sitzt als Richter der Verhandlung vor, seine Henker ziehen den Toten mit dem Strick um den Hals vor ihn. In einem Spiegel werden die Handlungen offenbar, die der Tote zu Lebzeiten begangen hat. Da die schlechten Taten die guten übertreffen, wird der Tote verurteilt, daß ihm die Gliedmaßen abgehackt werden. Obwohl er die Empfindung hat, daß Glied um Glied von seinem Körper getrennt wird, kann der Tote nicht sterben, da er ja bereits tot ist und der gegenwärtige Körper nur eine Erscheinung darstellt. Gleichwohl kann der Tote auch zu diesem späten Zeitpunkt noch einmal das Blatt wenden, wenn er erkennt, daß die der Folter innewohnende Natur nichts als Leere und eine Projektion seines eigenen Geistes ist. Schließlich erscheinen Bilder von Menschen beim Geschlechtsakt. Der Tote wird erregt und fühlt sich zur Mutter hingezogen und vom Vater abgestoßen, wenn er als Mann wiedergeboren werden soll, und umgekehrt vom Vater angezogen und von der Mutter abgestoßen, wenn er (bzw. sie) als Frau wiedergeboren werden soll.

Das letzte Element hat besonders die Aufmerksamkeit der Psychoanalytiker auf sich gezogen, da es ja einige der Beobachtungen Freuds über den Oedipuskomplex zu unterstützen scheint. Wenn nun der Tote die Kraft findet, sich von diesen Gefühlen zu distanzieren und sie als Illusion zu erkennen, dann kann das „Tor des Mutterschoßes" immer noch geschlossen werden.

Der letzte Abschnitt des Textes stellt fest, daß man zu Lebzeiten lesen, auswendig lernen und rezitieren soll, so daß man niemals die Botschaft vergessen kann, „selbst wenn man von sieben Hunden gejagt" wird. Er versichert dem Leser, daß, erinnert man sich nur im Augenblick des Todes, die Wiedergeburt selbst von denjenigen mit wenig geistlicher Erfahrung verhindert werden kann. Alles in allem will die Lehre des *Bar do thos grol* Vertrauen und Sicherheit vermitteln, so daß der Tod einiges von seinem Schrecken verliert.

Die „Befreiung vom Zwischenstadium" und Berichte von Nah-Tod-Erfahrungen

Das *Bar do thos grol* fand in den vergangenen Jahren besonders viel Aufmerksamkeit, weil Berichte über Nah-Tod-Erfahrungen und klinische Tode erstaunliche Ähnlichkeiten mit einigen der Visionen und Beobachtungen des tibetischen Textes offenbart haben[99]. Hier ist nicht der Ort, detailliert diese Berichte zu untersuchen oder zu diskutieren, ob es sich dabei um physische oder metaphysische Beobachtungen handelt. Es muß genügen, wenn wir darauf hinweisen, daß hinter den kulturell je verschiedenen Artikulationen über die Todeserfahrung einige ursprüngliche und transkulturelle Phänomene zu liegen scheinen. Die wichtigsten sind die Erfahrung eines hellen Lichts, das Gefühl, seinen eigenen Körper zu sehen, Verwandte und

Freunde zu beobachten, wie sie auf den Tod reagieren, und das Gefühl, nicht mehr von einem materiellen Körper eingegrenzt zu sein, während gleichzeitig immer noch eine Art Körpergefühl besteht. Wie man auf solche Phänomene reagiert und sie interpretiert, hängt wohl von Kultur, Glauben und persönlicher Einstellung ab. So können die einen das helle Licht als das tröstliche Bild Buddhas oder Christi verstehen. Andere dagegen mögen davon erschreckt werden.

6
Die chinesischen Religionen

Gary Arbuckle

Notizen aus der Unterwelt

„Verkündet nicht, daß durch die Fortschritte der Wissenschaft die Geister nicht-existent geworden sind! Die Weisen und Buddhas, die Geister sind die hauptsächlichen Beweger in dieser dunklen Welt, der Mensch ist derjenige, der bewegt wird." [100]
Vancouver sieht sich gerne selbst als eine multikulturelle Stadt. Das heißt aber nicht, daß es in den Regalen eines chinesischen Supermarktes nicht noch viele Dinge gäbe, deren Bedeutung einem auswärtigen Besucher verborgen bliebe: Pakete ohne Etiketten mit zweifelhaftem Inhalt, einladende Schachteln, deren genauer Inhalt allen, die mit der eigenartigen Schrift nicht vertraut sind, jedoch im Dunkeln bleibt. Neben dem sauer eingelegten Dies und dem gesalzenen Das in meinem Laden gleich um die Ecke findet sich ein halbes Regal voll mit Mischwaren, die auf den ersten Blick vertraut erscheinen. Da befinden sich vor allem anderen Paket um Paket von ‚Spielgeld': Goldmünzen und Goldbarren aus Goldpapier, vielfarbige Banknoten von ungeheuerlicher Größe. „Monopoly-Geld? Partyspäße?" so fragte eine Nicht-Chinesin vorsichtig, die ich vor einigen Wochen vor diesem Regal stehend traf. Dann las sie die Aufschrift, stellte das Paket weg und ging, ohne sich umzusehen, fort.

Kommt da ein wenig internationale Atmosphäre in die Straßen Vancouvers? Nicht ganz, wie die Reaktion der Frau schon anzeigt. Zweifelsohne hatte sie etwas verspätet festgestellt, daß die Banknoten nicht auf eine normale Bank ausgestellt waren, sondern vielmehr auf die Höllenbank, wie eine Inschrift auf Englisch und Chinesisch unten auf den Scheinen festhielt. Unten sah man, statt des Porträts der Königin oder eines verstorbenen kanadischen Würdenträgers, das Bild des Höllenkönigs selbst, Yanluo Wang, des bekanntesten der zehn Könige, die die Verstorbenen im Dämmerreich (eine bessere Übersetzung als das oben verwendete ‚Hölle' für *mingguo*) richten und bestrafen. Neben dem höllischen Geld gab es auf den Regalen noch Passierscheine und Pässe, die man den Beamten der nächsten Welt vorweisen kann, dazu Bestattungskerzen und -weihrauch, Papierkleidung, die verbrannt wird, damit die Empfindlicheren unter den Verstorbenen nicht frieren, ja selbst Kreditkarten, Schecks sowie Scheckbücher, damit man bei Transaktionen mit den Bewohnern der anderen Welt den Überblick behalten kann. Kurz, die Bedürfnisse der Toten stellen fast ein genaues Gegenstück zu denen der Lebenden dar oder genauer zu den Bedürfnissen, die die Bewohner einer milderen, humanisierteren Form eines China des späten Kaiserreiches gehabt hätten: Güter für die Bedürfnisse des täglichen Lebens, Papiere, um sich vor staatlichem Zorn zu schützen, und jede Menge Bargeld, das die Toten für Geschenke und Bestechungen verwenden, um die Schmerzen des Fegefeuers zu lindern, und die Lebenden, um lästige Geister loszuwerden[101].

Trotz der Unterschiede in Details, die der geschichtliche Wandel und die Entwicklung religiöser und philosophischer Vorstellungen in drei Jahrtausenden mit sich gebracht haben, dominiert die Vorstellung von der ‚Gleichartigkeit' die chinesischen Entwürfe eines Lebens danach. Sie haben durchaus ihren Charme: die Vertrautheit und das Gefühl, daß man immer noch alles regeln kann. Aber sie zeigen auch einen oft strangulierenden Effekt, dem sowohl die Alten wie die Modernen gelegentlich ausweichen möchten: Die Mächte der Gegenwart sind auch die Mächte der Zukunft – für immer und ewig.

Der kosmologische Kontext und die Seelenlehre

Jilu fragte nach dem Dienst der Geister. Konfuzius antwortete: „Du warst noch nie in der Lage, Menschen zu dienen. Aus welchem Grunde würdest du Geistern dienen?" „Ich gestatte mir, nach dem Tod zu fragen." – „Du hast das Leben niemals verstanden. Aus welchem Grunde würdest du den Tod verstehen?"[102]

Wie die Worte des Meisters nahelegen, wurde der Tod im Alten China als nichts anderes gesehen, denn als Teil eines nahtlosen Ganzen, einer universalen Ordnung, der man sich in gehöriger Reihenfolge anzunähern hatte. Es ist nötig, hier einige Worte über diese Ordnung zu verlieren, um die höllische Abteilung richtig einordnen zu können und einige der Annahmen, die das Denken über die Toten und die Lebenden prägten, etwas zu erhellen.

Gerne bezeichnet man die Gedankenwelt der Alten Chinesen als „auf diese Welt gerichtet". Streng genommen stimmt das, es ist in seinen Implikationen aber eine unglückliche Ausdrucksweise, denn die grundlegendste Wahrheit über die vormoderne Weltsicht ist ja, daß es gar keine andere Welt, richtig gesagt, keine übernatürliche Welt gibt. Die kosmische Ordnung ist eins, organisch. Es gibt nichts außerhalb von ihr. Sie wurde nie erschaffen und wird niemals zerstört werden. Ihre ‚Gesetze' werden durch ihre Natur bestimmt, es sind ihr keine unverletzlichen Befehle von einem göttlichen, absoluten Anderen auferlegt. Da sie eins ist und alles mit allem verbindet, wird ihr wichtigstes Bedürfnis die Harmonie. Disharmonie führt automatisch zu Vergeltung. Allerdings kann die Kraft der verschiedenen göttlichen und unterweltlichen Wesen, die in ihr wohnen, bis zu einem gewissen Grade diese Folgen abwenden. Auch ein menschliches Wesen mit ausreichender Kenntnis ihrer Funktionsweise kann sie zu seinen Gunsten beeinflussen.

Seit der Zeit des Konfuzius (5. Jh. v.Chr.) wurde allgemein akzeptiert, daß in einem kosmischen System, das im Wesentlichen im Gleichgewicht ist, alle Unregelmäßigkeiten und alles Böse aus einem falschen Gebrauch des freien menschlichen Willens stammen müssen. Das menschliche Wesen ist ja das einzige im Kosmos, das freien Willen besitzt. Die Verantwortung für den Erhalt und die Wiederherstellung der Harmonie liegt also bei den Menschen – im weitesten Sinn: Auch die Gottheiten und ursprünglich menschlichen Geister sind mit eingeschlossen[103]. Laut Definition ist also das Problem hier anzusiedeln.

Das Leben selbst wird praktisch fraglos als gut angesehen – zumindest bis zur Ankunft des Buddhismus. Die Annahme, der Buddhismus habe eine negative Einstellung zum Leben, sollte in China zu einem der strittigsten Punkte werden[104]. Alle einheimischen Denkschulen schätzten das Leben und konzentrierten sich auf seinen Erhalt. Von Märtyrern hielt man nicht viel, es sei denn, der Tod sei für das größere Wohl der Gesellschaft unumgänglich[105]. Aus Gründen der Moralität zu sterben sah man oft eher als ein unvermeidliches Mißgeschick an denn als ein zu erstrebendes und glorreiches Ziel[106]. Ein guter Mensch starb in seinem Bett, d.h. im Familienzusammenhang, der ja sowohl das Modell für den idealen Staat wie für die kommende Welt war.

Ungefähr am Ende des vierten Jahrhunderts n.Chr. finden wir die erste klare Aussage darüber, was zur allgemein akzeptierten Lehre über die Seele werden sollte. Danach schafft die Empfängnis eine Seele, *po* genannt. Dieses Wort ist wahrscheinlich mit anderen Wörtern, die die Bedeutung von „Kontrolle" und „beaufsichtigen" haben, verwandt[107]. Dieser Seele ist das Dirigieren des Körpers und seiner Funktionen anvertraut; sie kann „verlorengehen", ohne daß sofort der Tod eintritt, gleichwohl ist ohne sie eine normale Existenz nicht möglich[108]. Irgendwann nach der Geburt entsteht eine zweite Seele, *hun* genannt. Diese kontrolliert die ‚höheren' Regionen des geistigen und geistlichen Lebens einer Person. Die *hun*-Seele ist in der Lage, den Körper zeitweilig und unter bestimmten Bedingungen zu verlassen[109]. Dies sollte in späteren Zeiten dann auch zur Erklärung für das Träumen werden. *Po* sowohl als *hun* verlassen im Tode den Körper, *hun* erhebt sich in die Lüfte, *po* bleibt in der Nähe der Leiche. Unter den Bestattungsriten der Han-Dynastie (2. Jh. v. Chr. – 2. Jh. n. Chr.) gab es deshalb eine Zeremonie, die „die Einladung" *(fu)* genannt wurde und die *hun*-Seele zurückzurufen versuchte. Erst wenn dieser formelle Ruf erfolglos verlaufen war, konnten die Überlebenden sicher sein, daß die Person tatsächlich tot war und die Bestattungsfeier so ihren Fortgang nehmen durfte[110]. Nach der Bestattung mußten die Geister der Ahnen auf angemessene Weise durch Opfer, die mit der Zeit weniger wurden, fünf Generationen lang verehrt werden. Opfer bedeutete: Speisen der Toten im wörtlichen Sinne[111]: Werden einem Geist Speisen und andere Ehren verweigert, würde er hungrig und unzufrieden und wäre möglicherweise in der Lage, in der Welt der Lebenden Böses zu bewirken. Das Opfer soll aber nicht nur Böses abwenden, sondern auch Segen sichern. Deshalb sagt Konfuzius, es sei „Schmeichelei", wenn man fremden Geistern opfert[112]. Zugang zu den Toten bedeutete Zugang zur Macht. Daher begrenzten die Ritenbücher wohl auch die Zahl der Ahnenschreine, die Beamte unterhalten durften, und verboten sie dem gemeinen Volk ganz[113].

Eines der Probleme mit dieser Theorie liegt in der Schwierigkeit, den Gedanken einer mehrgeteilten Seele mit den Vorstellungen des Lebens nach dem Tod in Einklang zu bringen. Einerseits gab es von frühester Zeit an unterschiedliche Vorsorge für *hun* und *po* in der jenseitigen Welt, was darauf hinweist, daß beide in der anderen Welt unabhängige Existenzen führten[114]. Andererseits handeln Geistergeschichten und religiöse Erzählungen mit den Handlungen einzelner Größen, manchmal *hun*, manchmal *po*, manchmal noch anders genannt. In keiner dieser Geschichten scheint es vorzukommen, daß mehr als ein Geist das Bewußtsein oder die Persönlichkeit einer einzelnen Person in sich trägt[115].

„Seine Seele wird gefangen sein, und seine Taten im Leben werden infrage gestellt. Werden seine Worte im Leben als widersprüchlich entlarvt, wird er weiterer Gefangenschaft und Folter unterworfen. Seine Seele wird wahrhaftig sehr leiden. Aber wem ist das zuzuschreiben?“[116]

Eine Sammlung taoistischer Geschichten aus dem 4. Jahrhundert n. Chr. berichtet, wie zwei Jahrhunderte zuvor Du Xie, der Gouverneur von Jiaozhou, zufällig vergiftet wurde und starb. Glücklicherweise war gerade der taoistische Meister Dong Feng in der Gegend, dem es gelang, ihn wiederzubeleben. Einige Tage nach seiner Rückkehr berichtet Du Xie folgendermaßen von seinen Erlebnissen: „Als ich starb, war es plötzlich, als hätte ich einen Traum. Ich sah ein Dutzend schwarz gekleideter Männer auf mich zukommen und mich auf einen Karren laden. Wir fuhren los, in ein großes rotes Tor hinein, das wir durchfuhren, um mich in ein Gefängnis zu bringen. Alle Verliese hatten eine Tür, jede Tür hatte gerade genug Platz, um nur eine Person durchzulassen. Sie taten mich hinein und versiegelten das Gefängnis von außen mit Erde, so daß ich kein Licht von außen sehen konnte. Plötzlich hörte ich draußen Männerstimmen, die sagten: ‚Taiyi (Das Große Eins, eine Gottheit) hatte einen Boten gesandt, um Du Xie vorzuladen.‘ Ich hörte auch, wie sie die Erde, die die Türe verschloß, weggruben. Nach einer Weile wurde ich herausgezogen, und ich sah drei Männer auf einem Pferdewagen mit einem roten Baldachin. Der Älteste trat mit einem Bericht in der Hand ein und rief: ‚Xie, geh auf den Wagen!‘ Sie führten mich zurück, und als ich das Tor erreichte, wachte ich auf.“[117]

Es ist bemerkenswert, daß Du Xie keiner besonderen Sünde schuldig zu sein scheint. Hier haben wir nur eine etwas prosaische Variante der verschiedenen Lose, die einen erwarteten, wenn man starb: Selbst wenn man der Folter entkam, konnte man für immer eingesperrt werden, ausgeliefert einer Bürokratie der anderen Welt, die weitaus erschreckender erscheint als die normalen Regierungen in der Welt des Lichts. Das Muster von Vorladung, Festnahme und Einkerkerung taucht in der chinesischen Geschichte immer wieder auf: „Sie murmeln, daß sie böse Geister sehen, die kommen, um sie zu holen. Und sie sagen: ‚Ich sehe diesen oder jenen Geist', so daß niemand allein im Raum mit ihnen bleiben möchte."[118] Das chinesische Wort für Hölle ist *di yu*, das Erdgefängnis, wo die *per definitionem* schuldigen Toten ihre Strafe absitzen müssen.

Man hat gelegentlich vermutet, daß dieser höllische Zustand ein Beitrag des Buddhismus in die chinesische Gedankenwelt sei, der frühere und verschwommenere Vorstellungen ersetzte, wonach die Toten in ein dunkles unterirdisches Reich, die Gelben Quellen, eingingen, wohingegen die Seelen der Könige sich erhoben, um zum Hof des Himmlischen Herrn zu gelangen[119]. Es ist mittlerweile aber klar, daß viele der ausgeprägtesten Charakteristika dieses Glaubens der Ankunft des Buddhismus in China vorausgehen. Eine erst kürzlich entdeckte kurze Erzählung von etwa 300 v. Chr. gibt den ältesten erhaltenen Anhaltspunkt: Nach dem Selbstmord eines Mannes namens Tan darf dieser in die Welt der Lebenden zurückkehren, weil ein Mitarbeiter die für die Welt der Toten verantwortlichen Beamten gerichtlich belangt, mit der Begründung, daß Tans Lebensspanne noch nicht erfüllt ist[120]. Bereits zu diesem Zeitpunkt ist die jenseitige Welt, so scheint es, zu einem exakten Duplikat dieser Welt geworden. Arthur Wolf meint dazu: „Nach ihren administrativen Maßnahmen zu schließen, sieht die kaiserliche Regierung machtlos aus, schaut man jedoch auf ihre Langzeitwirkung auf die Menschen, so ist sie eine der machtvollsten Regierungen, die man jemals kannte, denn sie schuf eine ganze Religion nach ihrem Abbild."[121]

Hier erkennen wir die Nachteile einer organischen Weltsicht: tot oder lebendig, nirgends konnte man sich verstecken. Etwa um 600 v. Chr. schrieb ein Dichter: „Nirgends unter dem

Himmel gehört ein Land nicht dem König; bis an die Grenzen des Meeres gibt es nur Untertanen des Königs."[122] Bereits stolze Worte, doch dreihundert Jahre später war das Reich des Königs so sehr angewachsen, daß er die Vorherrschaft beanspruchte über alles, das lebte und jemals gelebt hatte – im Himmel, auf der Erde und in den höllischen Regionen. Bis zur Mitte der Han-Periode wird der Herr der Toten so angeredet als sei er nur ein weiterer Provinzgouverneur. In einem Text wird er sogar der *Enkel* des Himmels genannt, womit seine Stellung als gehorsamer und untergeordneter Sohn des Kaisers von China, des Sohnes des Himmels, unterstrichen wird[123].

Ein aussagekräftiges Zeichen dafür, wie die Lebenden ihre Aussichten für die Zeit nach dem Tode einschätzten, sind die Mühen, denen sie sich unterzogen, um sicherzustellen, daß die Toten niemals zurückkehren würden. Zu den Bestattungsritualen der Han-Zeit mag ein „Rückruf" gehört haben, doch das spätere Erscheinen eines Geistes, der ja de facto ein entflohener Sträfling aus einem Gefängnis gewesen wäre, hätte als Zeichen höchst unglücksverheißender kosmischer Irregularitäten bewertet werden müssen. Daher bestehen Grabinschriften seit dem 1. Jahrhundert z.B. darauf, daß die Toten fern von den Lebenden bleiben sollten: „Eile auf der Stelle dreitausend Meilen fort! Solltest du nicht verschwinden, so sollen der Südliche Berg kommen und dich verschlingen! Sofort, gemäß den Statuten und Anordnungen!"[124] Der letzte Ausdruck, eine genaue Übernahme aus der Fachsprache der Regierungsdokumente, klingt in der chinesischen Geschichte immer wieder an; die Befehle der rechtmäßigen Herrscher binden die Toten genau so fest wie die Lebenden.

Der Einfluß des Buddhismus, der irgendwann im ersten Jahrhundert n. Chr. nach China einzudringen begann, war für die Vorstellung der anderen Welt ebenso groß wie auf anderen Gebieten. Allerdings formte er eher – mehr als man bisher annahm – das bereits Bestehende um, als etwas Neues zu schaffen. Seine beiden wichtigsten Beiträge waren 1) die Idee von der

Wiedergeburt des Seele und 2) eine gründliche Systematisierung und Rationalisierung der Unterwelt, die nun zu einem Ort wurde, wo man schmerzlich genau für seine Sünden zu zahlen hatte[125]. Unter den frühesten Sutras, die übersetzt wurden, befanden sich wohl auch solche, die vom Vermeiden eines Todes zur unrechten Zeit handelten. Die Idee vom Karma scheint die chinesische Vorstellungskraft beflügelt zu haben[126]. Sie wurde jedoch völlig mißverstanden, besonders in den ersten Jahrhunderten, was am deutlichsten wird, wenn man die Debatte im 6. Jahrhundert n. Chr. am Hofe von Liang betrachtet, als es um die Frage ging, ob die Seele den Körper im Tode überlebt. Die Position, daß die Seele zerstört wurde, vertrat der Konfuzianer Fan Zhen, ein erbitterter Feind des Buddhismus; die Unsterblichkeit der Seele vertraten seine buddhistischen Gegner, denen damals völlig unbewußt war, daß ihre Argumentation nach den Maßstäben orthodoxen Buddhismus völlig häretisch war[127].

Einmal eingeführt, begann die buddhistische Tradition ihren unaufhaltsamen Aufstieg zu der Position, die sie bis zum Ende der kaiserlichen Ära haben sollte: die Position der Hüterin des Übergangs in und durch den Tod. Unter dem kombinierten Einfluß buddhistischen Denkens und Elementen aus dem Taoismus und der Volksreligion nahm im 9. oder 10. Jahrhundert n. Chr. die Vorstellung von der kommenden Welt endlich die Gestalt an, die sie seither bis in die Gegenwart haben sollte. Diese Vorstellung – die Einteilung der Unterwelt in zehn Höllenhöfe – wurde auf allen Ebenen der Gesellschaft durch Kunst und durch das Erzählen von Geschichten propagiert. Maler, von denen einige behaupteten, sie hätten die höllischen Regionen besucht und seien wieder zurückgekehrt, begannen, sich auf Höllenszenen zu spezialisieren. Der General Pei Mei bat z. B. einen dieser Experten, Wu Dao, die Figuren von Geistern zu malen, die seiner Mutter in der nächsten Welt helfen sollten[128]. Die selbstgestrickten buddhistischen Apokryphen, wie z. B. das *Sutra der zehn Könige* trugen zur Änderung des Rituals bei, indem sie jedem Erlösung versprachen, dessen Familie die rechten Rituale für die zehn Herrscher vollführte, und Verdammung jedem androhten, der dies versäumte, ganz gleich welche Verdienste er sich erworben haben mochte[129]. Das von einem Taoisten namens Danchi in der Mitte des 11. Jahrhunderts verfaßte Buch Yuli Chaozhuan enthält eine Führung durch die Hölle, die zu einer der beliebtesten Darstellungen wurde. Es nennt die Namen der Richter, lokalisiert die verschiedenen Höllen und enthält ausgesprochen drastische Schilderungen des schrecklichen Loses, das die verschiedenen Arten von Sündern erwartet, die ganz detailliert spezifiziert werden. Diejenigen, die sich beim Abliefern von Briefen verspäten, werden unter der Aufsicht des Herrn der fünf Sinne im Vierten Hof der Hölle gequält, und diejenigen, die im Heiratsvertrag eine falsche Angabe über ihr Alter machten, müssen sich auf das Rad, kochende Kessel, Sandstürme, Eis, Hunger und vieles andere mehr im Zweiten Hof unter König Chujiang gefaßt machen[130]. Ein besonders rachsüchtiger Zug war der Teich von Blut, der für die Frauen reserviert war und wo diese dafür bestraft wurden, daß sie die Wasser der Erde mit dem Blut, das sie bei der Menstruation und bei der Geburt verlieren, verunreinigen. Die einzige Erlösung daraus lag in dem Gottesdienst, den ihre Söhne oder buddhistische Priester nach ihrem Tod verrichteten[131].

Es gab angenehmere Alternativen, aber auf diese konnte man sich nicht verlassen. Man konnte z. B. zu etwas Angenehmerem als einer dunklen Zelle oder einer Folterkammer verurteilt werden. Ein außergewöhnlich gerechter Mann mochte vielleicht in der kommenden Welt eine herausragende Stellung einnehmen können. So wollte es eine beliebte Legende, daß Bao Zheng, ein Richter der Song-Dynastie, der für seine Strenge und Unbestechlickeit berühmt war, den Sitz des Yanluo Wang in der Hölle einnahm, oder daß der Richter des Zweiten Hofes im Leben Han Qinhu, der Premierminister des Kaisers Wen von Sui gewesen sei. Ihn soll bei seinem Tod ein großes Gefolge von Geistern erwartet haben, um ihn zu seiner neuen Stellung als Höllenkönig zu geleiten[132].

Auf einer tieferen Ebene konnte eine schwer mißhandelte Person als Geist Genugtuung genießen. So bemerkt in einer Erzählung eine Frau bei ihrer Hinrichtung: „Beamter Tao weiß alles darüber, aber ungerechterweise will er mich trotzdem töten. Wenn ich nach meinem Tode kein Geist werde, ist dies das Ende. Werde ich aber ein Geist, so werde ich Beschwerde einlegen."[133] Sie starb – und kehrte selbst zurück, um den ungerechten Beamten hinzurichten.

Auf einer höheren Ebene, aber ganz vom Zufall abhängig, konnte ein Verstorbener, sogar ein Selbstmörder es schaffen, in den Dienst einer Gottheit zu treten, oder sogar, allerdings seltener, selbst eine Gottheit zu werden. Die Gottheit der Latrinen, die Herrin Ding – oder Purpur – ist dafür ein bekanntes Beispiel. Im Leben war sie eine Konkubine gewesen, die die Grausamkeit der Frau ihres Herrn dazu getrieben hatte, sich bei den Latrinen zu erhängen; später zeigte sie als Medium spirituelle Kraft, und man erkannte in ihr eine göttliche Beschützerin der Frauen[134].

Gefängnisausbrüche: Philosophie, Alchimie, Flucht, Erdulden

> „Kann im Himmel zu sein mehr Freude bedeuten als das Leben unter den Menschen? Der einzige Vorteil ist, daß du nicht mehr alterst und stirbst. Oben im Himmel sind eine Menge Würdenträger – und ihnen zu dienen, ist noch bitterer als der Dienst bei den Menschen."[135]

Selbst aus dieser kurzen Skizze wird deutlich, daß das Leben nach dem Tode für viele nichts war, auf das man sich freute. Weder die grauen und elenden Gefängnisse der frühesten Vorstellungen, noch die erfinderischeren Fegefeuer der späteren

Religion schienen etwas anderes zu bieten als das Altbekannte: Quälerei durch eine korrupte Verwaltung, die in eine bedeutungslose Wiedergeburt und eine ungewisse Zukunft mündete. Kein Wunder, daß ein Teil der Geschichten vom Leben danach in China davon handelt, wie die tote Person ihr Leben verändern kann, ihre Schmerzen lindern oder vielleicht gar diese Erfahrung ganz vermeiden. Solche Fluchtmöglichkeiten lassen sich in drei allgemeine Kategorien einordnen: eine philosophische, eine technische und eine religiöse.

Die philosophische war der beliebteste Tummelplatz der konfuzianischen Gelehrten und hatte einen nachhaltigen, wenn auch nicht sehr großen Einfluß auf andere Gruppen der Gesellschaft. Diese Theorie basierte auf dem impliziten Glauben an das Gute in der natürlichen Ordnung und verneinte daher die Idee, daß es etwas geben könne, vor dem man Angst haben müsse oder das einen das Fürchten lehre. Der Seele, der mit dem vorgeschriebenen Ritual bei der Wandlung von einem Lebenden zu einem Ahnen geholfen werden mußte, mußte man also nur richtig dienen und alles würde gut. Ihre vielgestaltigen Formen würden niedersinken oder sich zerstreuen und sich ohne großes Getue wieder in den Kosmos einfügen. Vorausgesetzt die Menschen, allen voran natürlich die eigenen Familienmitglieder, spielten ihre Rolle richtig, würde alles ganz glatt laufen. Denjenigen, die die philosophischen Feinheiten dieser Position nicht begreifen, mag es allerdings erscheinen, als wolle man hier Gegensätzlichkeiten vereinigen: einen Ahnenkult sozusagen ohne die Geister der Ahnen[136]. Mit dem Aufstieg seit Beginn des 10. Jahrhunderts der neo-konfuzianischen Schule, die die volkstümlichen Ideen von einem Leben nach dem Tode als lächerlich ansah und den Buddhismus, dessen Philosophie sie gleichwohl viel entnahm, verdammte, begann eine Bewegung, die den Familientraditionen wieder ihren alten hohen Stellenwert zurückgeben wollte. Das betraf auch die Bestattungen. Eine der ersten direkten Attacken wurde von Zhu Xi, der wichtigsten Figur für die konfuzianischen Reformen, geritten. Als er 1190 in Zhangzhou, Fujian, Dienst tat, verlangte er, daß bei Strafe für alle Zuwiderhandelnden sämtliche Bestattungen nach konfuzianischen Riten abgehalten werden müßten[137]. Trotzdem blieben Begräbnisse ohne buddhistische oder taoistische Elemente, die sich also strikt an die vom Meister vorgeschriebene Vorgehensweise hielten, eher eine Seltenheit. So sehr die Vorstellung einer Reinkarnation auch die Gefühle der Literaten verletzen mochten, sie hatten der buddhistischen Vision nichts eigentlich Tröstliches entgegenzusetzen[138].

Die zweite Möglichkeit, den Schmerzen nach dem Tode zu entgehen, haben wir die technische genannt. In der chaotischen späteren Periode der Streitbaren Reiche und der frühen Han-Zeit und dann wieder – verstärkt – in der späten Han-Zeit und den vier Jahrhunderten der Trennung, die darauf folgten, verkleidete sich die Sehnsucht nach personaler Autonomie als ein „Leben danach", das nur eine ewige Verlängerung *dieses* Lebens war. Man konnte z.B. seine Ernährung auf das Entfernen aller irdischen Materie aus dem Körper ausrichten, so daß diejenigen, die diesen Weg praktizierten, regelrecht in den Himmel hinauffliegen können sollten[139]. Drogen, die den Körper ewig bewahren konnten, boten einen leichteren Weg zum gleichen Ziel. Es ist interessant, daß viele der verschiedenen Mischungen, die man ausprobierte, z.B. aus Arsen und Quecksilber, tatsächlich eine konservierende Wirkung hatten, allerdings nur auf Leichen. Wie auch immer, bis zur mittleren Han-Zeit hatten eine Reihe von Geschichten zu zirkulieren begonnen, in denen sonst ganz unauffälligen Menschen die Fähigkeit zugeschrieben wurde, diese Welt transzendieren zu können. Einer von ihnen war Tang Gongfang, ein kleiner Beamter im Bezirk Hanzhong. Er war einem taoistischen Wahren Mann begegnet, wurde sein Jünger und gewann dessen Wohlwollen; der Wahre Mann hatte ihm genügend von seiner Unsterblichkeitsdroge gegeben, so daß er im Jahre 7 n.Chr. in den Himmel aufgefahren sein und dabei nicht nur seine Familie und sein Vieh, sondern sogar sein Haus mitgenommen haben soll[140].

Eine weitere Möglichkeit war, dem Tod in einem irdischen Paradies zu entkommen, das man sich gewöhnlich als einen Ort gerade jenseits des Horizonts vorstellte, an dem göttliche Wesen wohnten. Eine der frühesten Varianten war das Inselparadies gerade jenseits des Horizonts im östlichen Meer, Penlai, wo man von der ‚Droge des ewigen Lebens' jederzeit haben konnte. Eine parallele Vorstellung, die genau in der umgekehrten Richtung angesiedelt war, war das Reich der Königinmutter des Westens auf dem Berg Kunlun, zu dem in der Zeit der Alten Weisen Kontakt bestanden hatte. Wachsende Kenntnisse der geographischen Gegebenheiten schränkten enthusiastische Entwürfe dieser Art ein, doch das Fehlen einer wahren „anderen Welt", die organische Einheit des Universums, führte dazu, daß das Reich der Toten als ein bestimmter Punkt auf der Erde definiert wurde. So glaubte man den Wohnort der toten Seelen unter dem Berg Tai am unteren Ende der Shandong-Halbinsel gefunden zu haben. Einige Taoisten zogen auch in Erwägung, daß der Eingang sich in Fengtu in Sichuan befände[141], wieder andere lokalisierten das Untergewölbe der anderen Welt, den Wohnort der unvollkommenen Toten, in der Zitadelle der Nacht (Yecheng), die man weit nördlich von China vermutete. Dieser Gedanke wirkte in der volkstümlichen Literatur fort. Im *Bericht vom Eunuchen der drei Schätze, der in den Westen ging*, der ca. 1600 verfaßt wurde, segelt der berühmte Admiral der frühen Ming-Periode, Zheng He, ein Moslem, immer weiter nach Westen, nachdem er Mekka erreicht hat, bis er endlich im Reich der Toten landet[142].

Zu diesem Zeitpunkt waren aber auch diese fernen Gestade einer gewissen offiziellen Struktur unterworfen, und die Freiheit der frühen Transzendenten war ausgelöscht. Ja, schon zur relativ frühen Zeit des Maoshan-Taoismus (4. Jahrhundert n. Chr.) war der Höhlen-Himmel am Berge Luofeng im hohen Norden Sitz einer Bürokratie der anderen Welt, allerdings stand diese nicht unter der Herrschaft des Sohnes des Himmels[143].

Sowohl die Alchimie wie auch die Flucht aus der Gesellschaft repräsentierten Träume, die nur für die Oberklasse möglich waren; die einfachen Leute akzeptierten die Bürokratisierung der Unterwelt im großen und ganzen und taten ihr Bestes, in diesen Grenzen zu handeln, sowie sie ja auch größtenteils das schlechte Benehmen ihrer irdischen Herrscher ertrugen[144]. Die Rituale der Volksreligion sind daher darauf gerichtet, die Seele der Sterbenden durch den Übergang vom Leben zum Tod zu geleiten[145], indem sie die Geister manipulieren und dirigieren durch z.B. sorgfältig geplante Speisegaben, die eine Beziehung begründen, und durch Geistergeld, das eine gewisse gesellschaftliche Distanz bewirkt. Wie auch bei den mehr vergeistigten Systemen ist der oberste Wert die Ordnung, und alle Mittel, zu denen man greift, sind darauf gerichtet, Ordnung zu schaffen oder zu fördern. Ein besonderes Ritual ist z.B. dazu geeignet, Kinder vor nächtlichem Schrecken zu bewahren, den man darauf zurückführt, daß ihre Eltern in einem früheren Leben weniger schnell zur Wiedergeburt gelangt sind als ihr früheres Kind[146]. Weitere Regelungen haben das Ziel, diejenigen Seelen zu integrieren, die keinen rechten Platz im Familienplan haben, also z.B. kleine Kinder, die starben, ohne daß jemand ihnen opfert. Diese werden entweder als Manifestationen nicht-menschlicher Dämonen betrachtet, oder man wartet ein oder zwei Generationen, bis übernatürliche Manifestationen es den Nachgeborenen klar machen, daß auch sie Opfer verdienen. Unverheiratete Frauen, denen es nicht gelungen ist, sich, wie es richtig ist, der Familie eines Ehemannes anzuschließen, werden beschwichtigt, indem man eine Ehe zwischen ihrem Geist und einem lebenden Mann arrangiert. So gibt es wenigstens ein adoptiertes Kind, das sie verehrt[147]. Eine andere Möglichkeit war, sie einem Geistermedium anzuvertrauen.

Es bleiben die wahrhaft unbekannten Geister: Fremde oder solche ohne Familie. Die Volksreligion hat auch für sie einen Platz, da die Harmonie idealerweise die Integration einer jeden Person verlangt, sei sie tot oder lebendig, Fremder oder Verwandter, Feind oder Freund. Das *pudu*-(„universale Erlösung") Ritual im siebten Mond ist daher dazu bestimmt, die höllischen Regionen zu leeren, die Strafen der dort Wohnenden zu beenden und ihnen eine Flucht zu ermöglichen[148]. Am fünfzehnten Tag dieses Monats soll jeder Haushalt außerhalb des Hauses und abgewandt von ihm Opfer für die unbekannten Geister darbringen. Dies ist nicht Verehrung, sondern Vorsichtsmaßnahme, denn selbst die niedrigsten und geringsten unter den übernatürlichen Geschöpfen müssen das ihnen Zustehende erhalten, damit auch das letzte Hindernis für ein reibungsloses Funktionieren von Himmel und Erde entfernt wird[149].

Das spätere Leben in „späterer Zeit"

> „Da weltliche Menschen moderne Verhaltensweisen angenommen haben, sind in der Unterwelt viele neue Hallen der Strafe entstanden."[150]

Die traditionellen Vorstellungen vom späteren Leben erfreuen sich in der chinesischen Kultur ungebrochener Beliebtheit, vor allem überall dort, wo diese Kultur sich ungestört von öffentlicher Einflußnahme entwickeln durfte. Aber selbst auf dem chinesischen Festland, wo der absolut größte Teil der Chinesen lebt, hat die Landbevölkerung ihre alten Götter niemals vergessen. Auch dort wird, wie in Taiwan geschehen, wachsender Wohlstand unvermeidlich größere Tempel und ausgefeiltere Frömmigkeitsformen mit sich bringen. Einmal ganz abgesehen von der Tatsache, daß viele der beliebtesten Gottheiten einst Menschen waren, ist das traditionelle Vorstellungsmuster über das „Leben danach" ein integrierter Teil des gesamten Weltbildes, und die extrem hohe Flexibilität der chinesischen Volksreligion erlaubt es, verschiedene Traditionen als gleichzeitig und nicht als widersprüchlich anzunehmen[151]. Dennoch mag sowohl in China wie in Übersee der beständige Druck der modernen Welt dazu führen, daß der Schrecken, den die zehn Könige einst verbreiteten, langsam zu schwinden beginnt[152]. Viele Gläubige werden heute eher vom Mitleid für die verlorenen Geister als von der Furcht vor ihrer Macht, Böses zu bewirken, motiviert. Zumindest erzählen sie das den ausländischen Ethnologen[153].

Heißt das nun, daß der Glaube an die Geister und ihre Schattenwelt mit der Zeit ganz verschwinden wird? Vielleicht nicht. Man darf niemals die Vitalität des Volksglaubens unterschätzen. Auch besitzt die konfuzianische Weltsicht, die als „überlegenerer" Ersatz für den „Aberglauben" propagiert wird, seit jeher eine hochentwickelte Fähigkeit, das, was sie als vulgäre Riten betrachtet, in ein höheres Ganzes mit einzubeziehen, indem sie diesen eine Bedeutung zuschreibt, die ihr ursprüngliches Wesen verdunkelt und die Rituale zu einem passenden Teil des „Weges des Menschen" macht. Das Ritual hat eine Bedeutung, die über den Inhalt und die Form hinausgeht und alle Haltungen impliziert, die es in den anderen weckt, stärkt und inspiriert. Einige der Gläubigen, die heute in Taiwan Papiergeld für ihre Ahnen verbrennen, mögen nicht glauben, daß die Geister das Geld tatsächlich mit in die nächste Welt nehmen, um dort eilends ihre Schulden zu bezahlen. Sie mögen nicht einmal an Geister glauben, aber sie glauben an die Achtung vor der gesellschaftlichen Ordnung, die sich auch über die Zeit spannt und daher den Tod übersteigt; sie glauben, daß das zeremonielle Opfern eines Symbols für Reichtum die dauernden Werte der Familie und sozialen Ordnung versinnbildlichen kann. Die Geister mögen verschwinden, doch der Geist bleibt.

Anmerkungen

Einleitung

[1] Paul Tillich, *Systematic Theology*, Bd. 1, Chicago 1951, S. 61.
[2] Die Kriterien für ‚gut' und ‚schlecht' werden wie folgt festgelegt: Für Hindus werden gute und schlechte Taten und Gedanken in den offenbarten Schriften, den Veden, definiert. Im Buddhismus, der keinen Gott und keine Offenbarungsschrift kennt, definieren sich gut und schlecht aus der jede Handlung motivierenden Intention (z.B. hinterläßt die Intention, dem Nachbarn, einem Hund, einem Feld etwas Böses zuzufügen, ein schlechtes Karma, eine schlechte Erinnerungsspur). Zum Karma vgl. B. R. Reichenbach, *The Law of Karma: A Philosophical Study*, Honolulu, 1990.
[3] R. T. Ames, „Putting the *Te* back into Taoism", in: *Nature in Asian Traditions of Thought: Essays in Environmental Philosophy*, hg. v. J. B. Callicott und R. T. Ames, Albany 1989, S. 126.

1 Das Judentum

[4] Die in diesem Abschnitt zitierten Werke schließen ein: Yehezkel Kaufmann, *The Religion of Israel: From Its Beginning to the Babylonian Exile*, Chicago 1960; Hans W. Wolff, *Anthropologie des Alten Testaments*, München [3]1977; Johannes Pedersen, *Israel: Its Life and Culture*, London und Kopenhagen, 1973, S. 460.470. Mein Dank geht an Dr. Michael DeRoche, der mir wertvolle Hinweise zur Literatur gegeben hat.
[5] S. G. F. Brandon, *Man and His Destiny in the Great Religions*, Manchester 1972, S. 116–117, betont die Wichtigkeit der Stelle 1 Sam 25, 29, als Abigail David mit folgenden Worten segnet: „Dann sei die Seele meines Herrn beim Herrn, deinem Gott, eingebunden in den Beutel des Lebens, die Seele deiner Feinde aber möge der Herr mit einer Schleuder fortschleudern." ‚Seele' dürfte hier allerdings soviel wie ‚Leben' bedeuten, so daß der Text sagt, Gott werde Davids Leben bewahren, aber seine Feinde bald niederwerfen.

[6] „Die Etymologie von She'ol liegt noch im Dunkel.... Friedrich Delitzsch sah sie im vermuteten babylonischen Begriff *shu'alu*. Diese Ansicht vertritt jedoch niemand mehr" (Alexander Heidel, *The Gilgamesh Epic and Old Testament Parallels*, Chicago 1965, S. 173).

[7] Kaufmann, S. 311.

[8] Vgl. z.B. Wayne Pitard, in: *The Oxford Companion to the Bible*, Oxford 1993, S. 15–16. Brandon (S. 118–29) betrachtet die Antipathie des Jahwisten gegenüber der Idee eines Lebens nach dem Tod als Folge des Versuchs, örtliche Stammeskulte durch eine zentralisierte nationale Religion zu ersetzen.

[9] Die Werke, die sich mit den Jenseitsvorstellungen in dieser Periode befassen, umfassen Brandon, S. 129–50; Salo Baron, *A Social and Religious History of the Jews* (New York 1962-), 1:135–38, 357; 2:38–41, 345; Shaye D. Cohen, *From the Maccabees to the Mischnah* (Philadelphia 1987); George Foot Moore, *Judaism in the First Centuries of the Christian Era* (Cambridge, Mass., 1958), 2:279–322, 88–92; G. Nickelsburg, *Resurrection, Immortality and Eternal Life in Intertestamental Judaism* (1972); E. P. Sanders, *Judaism Practice and Belief* (London und Philadelphia 1992), S. 298–303; Emil Schürer, *The History of the Jewish People in the Age of Jesus Christ*, rev. G. Vermes et al., Edinburgh 1979.

[10] So beschreibt Ecclesiastes voller Ironie, wie der Tod alle menschliche Leistung als ein Nichts erscheinen läßt.

[11] Shaud Shaked, „Iranian Influence on Judaism", in: *The Cambridge History of Judaism*, hrsg. v. W. D. Davies und Louis Finkelstein, Cambridge 1984, 1:308–25.

[12] Hellenistische jüdische Denker wie Philo von Alexandrien und der Autor des Buches Weisheit reden vom Körper abwertend als die Seele belastend (vgl. Brandon, S. 141–43; Sanders, S. 298–99).

[13] Vgl. Schürer, S. 391–92, 537–40.

[14] Das Überleben körperloser Seelen erwähnen Henoch und das Jubiläenbuch, Werke, die in der Bibliothek von Qumran eine wichtige Stelle einnahmen (vgl. Schürer, S. 539, Anm. 90 und S. 5, Anm. 93).

[15] Mir ist keine größere Schrift zu Jenseitsvorstellungen in der talmudischen Zeit bekannt. Vieles läßt sich aus den entsprechenden Einträgen bei Louis Ginzberg, *The Legends of the Jews*, Philadelphia 1967, erfahren.

[16] Talmudische Quellen wissen um eine nahezu platonische Idee der Präexistenz der Seelen (vgl. Ephraim Urbach, *The Sages*, Cambridge, Mass. 1987, S. 235–48).

[17] Diese Sicht findet sich auch in apokalyptischen Werken wie 4 Ezra 7:31–34, vgl. Schürer, S. 539.

[18] H. Albeck, *Shichah Sidrei Mishnah*, Jerusalem und Tel Aviv 1959, 4:454.

[19] Louis Finkelstein, *Mano-le-Massektot Abot ve-Abot d'Rabbi Natan*,

New York 1950, S. 212–20; Max Kadushin, *The Rabbinic Mind*, New York 1972, S. 361–64.

[20] Urbach, S. 436–44.

[21] Schürer, S. 540–541.

[22] Vgl. vor allem Jer 7,32–33. S. Klein vermutet, daß einige der Bezugstellen bei den Rabbinen ursprünglich das Hamontal in Transjordanien meinten, da der unterirdische Ursprungsort der dortigen heißen Quellen gerne mit den Flammen der Hölle in Verbindung gebracht wurden. („*Ha'nahotei' verabbah bar bar hana'*“ *Me'assef Zion* 5 (1933), S. 1–13.

[23] Hier geht es offensichtlich um eine symbolische Handlung: Der Gott, der verwestes Fleisch wieder zum Leben erwecken kann, ist sicherlich auch in der Lage, verstreute Asche wieder zusammenzuführen.

[24] Zu den grundlegenden Werken über die Gedankenwelt des jüdischen Mittelalters gehören Julius Guttmann, *Philosophies of Judaism*, New York 1973; Isaac Husik, *A History of Medieval Jewish Philosophy*, New York 1966; Colette Sirat, *A History of Jewish Philosophy in the Middle Ages*, Cambridge und Paris 1985.

[25] Guttmann, S. 82–83; Husik, S. 41–47; Sirat, S. 33–35.

[26] Guttmann, S. 152–59, 176–178, 199–207; Husik, S. xxxiv-xlvii; Sirat, S. 170–71, 187–88, 203.

[27] Guttmann, S. 208–9; Sirat, S. 170–72.

[28] Material zu diesem Abschnitt findet sich in Gershom Scholem, *Die jüdische Mystik in ihren Hauptströmungen*, Frankfurt/M. [2]1967; ders., *Ursprung und Anfänge der Kabbala*, Berlin 1962; ders., *Von der mystischen Gestalt der Gottheit*, Zürich 1962; hier wird verwiesen auf ders., *Kabbalah*, New York 1978.

[29] Gershom, *Kabbalah*, S. 155–65.

[30] ebd., S. 347–50.

[31] Gute Zusammenfassungen bieten hierzu Guttmann; Eugene Borowitz, *Choices in Modern Jewish Thought*, New York 1983; Simon Noveck (Hg.), *Great Jewish Thinkers of the Twentieth Century*, Clinton 1963.

[32] Sonst so verschiedene Denker wie der Traditionalist Moses Mendelssohn (1729–86), der Vater der jüdischen Aufklärung, und der liberale Solomon Steinheim (1789–1866) vertraten diesen Gedanken.

[33] Das trifft auf solch bekannte jüdische Existentialisten wie Martin Buber, Abraham Herschel u.a. zu. Eine sehr beredte Ausnahme stellt Louis Jacobs, *A Jewish Theology*, New York 1973, S. 319–22, dar.

2 Das Christentum

[34] Vgl. dazu Godfrey Vesey (Hg.), *The Philosophy in Christianity*, Cambridge 1989.
[35] Die biblischen Zitate erfolgen in der Regel nach der Einheitsübersetzung des NT.
[36] Ein interessantes Beispiel dafür ist Z. D. Phillips, *Death and Immortality*, London 1970.
[37] Vgl. Raymund E. Brown, *The Virginal Conception and Bodily Resurrection of Jesus*, London 1974.
[38] Paul W. Gooch, *Partial Knowledge*, Notre Dame 1987, Kap. 3.
[39] Eine umfassende Darstellung aller Einwände gegen jegliche Art des Glaubens an ein Weiterleben findet sich bei Andrew Flew, *The Logic of Mortality*, Oxford 1987. Eine neuerliche christliche Verteidigung ist Stephen T. Davis, *Risen Indeed*, Grand Rapids 1993.
[40] Sehr zögerlich davon überzeugt hat mich die Argumentation, die sich in John W. Cooper, *Body, Soul, and Life Everlasting*, Grand Rapids 1989, findet.

3 Der Islam

[41] Wenngleich die Arabisch sprechenden Muslime nur eine kleine Minderheit in der muslimischen Weltgemeinschaft *(ummah)* darstellen, ist die erste Sprache des Islam das Arabische. Dies geht schlicht auf die Tatsache zurück, daß der Koran, das geoffenbarte Wort Gottes im Islam, arabisch geschrieben ist. Nicht selten erscheinen daher die Fachbegriffe auf arabisch. In diesem Zusammenhang muß erwähnt werden, daß es für ,Tod' noch andere Ausdrücke neben *mawt* gibt. Außer einer weiter unten besprochenen Ausnahme sind diese für unser Thema jedoch nicht interessant.
[42] Es ist ein nicht zu debattierender Glaubensartikel für Muslime, daß der Koran das ungeschaffene Wort Gottes ist, das dem Propheten Mohammed als Weisung für die Menschheit offenbart wurde. Insofern ist er die Quelle, aus der primär alle Lehren geschöpft sind. Der hier zitierte Abschnitt entstammt dem Kapitel *(sura)* 27, Vers *(ayah)* 88. Vgl. *Der Koran*, aus dem Arabischen übersetzt von Max Henning, Stuttgart 1991.
[43] Kapitel 55, Verse 26 und 27.
[44] Kapitel 6, Vers 162.
[45] Die Traditionen *(Hadīth)* des Propheten sind Aussprüche oder Taten des Propheten, die die Gemeinschaft der Gläubigen bewahrt hat. Die Sammlung dieser Traditionen stellt einen Zweig der Wissenschaft dar.

Dem Kern jeder Tradition (*matn*) gehen die Namen derjenigen voraus, die sie empfangen und weitergegeben haben *(isnād)*, und die letztlich zur ersten Quelle der zitierten Tradition zurückführen. Jedes Glied der Kette wurde (und wird) der sorgfältigsten Prüfung der Gelehrten unterworfen, die nicht notwendigerweise in der Beurteilung der Authentizität und Verläßlichkeit einer Tradition übereinstimmen. Unter den verschiedenen Sammlungen wird die des al-Bukhari besonders geschätzt.

[46] Kapitel 2, Vers 156. Dieser Satz wird oft benutzt bei Todesanzeigen.

[47] Mangels ausreichender Quellen aus dem vorislamischen Arabien müssen wir zu dieser Frage aus den Praktiken und Lehren anderer nicht-monotheistischer Religionen des Nahen Ostens unsere Schlußfolgerungen ziehen.

[48] Die Shī'ah (Partei der Schiiten) hängt unwandelbar der Lehre an, daß, gemäß dem Koran und dem ausdrücklichen Wunsch des Propheten, alle weltliche und religiöse Autorität in Ali, dem Vetter des Propheten und Gatten seiner Tochter Fatima, sowie seinen bestimmten Nachfolgern, personifiziert wurde. Es gibt in der shī'ah drei Hauptgruppierungen: a) die Zwölferschiiten (vor allem im Iran), die die Rückkehr des Imām aus seiner Verdunkelung erwarten; b) die Siebenerschiiten (Ismailiten), die von ihrem lebenden Imām (dem Aga Khan) angeführt werden; sie finden sich vor allem in Indien, Pakistan, Ostafrika, Großbritannien und Nordamerika; c) die ‚Saiidi', die Zaid ibn 'Ali ibn Hussain als Imāmnachfolger anerkennen. Die Sunniten, die vorherrschende Gruppierung unter den Muslims, argumentierten, daß der Prophet der gesamten Gemeinschaft der Gläubigen die Autorität anvertraut hat. Sie verlangten eine Fortsetzung der ‚republikanischen' Herrschaft unter den Weisungen des Koran sowie den Lehren und Handlungen Mohammeds (d.h. die Lehren Gottes und des Apostels Gottes). Die Sunniten errangen zwar den Sieg, aber ihr späteres Schicksal nahm aufgrund politischer Gründe einen anderen Verlauf. Statt einer gewählten Leitung begann eine Dynastie die islamische Geschichte und den muslimischen Staat zu dominieren. Der Kalif (der dynastische Nachfolger des Propheten) mußte dem *ahl al-bayt* (‚dem Haushalt des Propheten') angehören, was man so interpretierte, daß er dem Stamme des Propheten angehören mußte. Durch die mongolische Invasion von 1258 wurde das ‚klassische Kalifat' zerstört. Eine Nachfolgeform fand mit dem Untergang des ottomanischen Reiches 1917 ihr Ende.

[49] Vier Rechtsschulen entwickelten sich in der sunnitischen Richtung und begannen die islamische Welt zu dominieren. Hauptbeweggrund der Gelehrten, um die sich Schulen bildeten, war es, die Quellen zu definieren, nach denen eine Gesetzgebung für die Gemeinschaft der Gläubigen gewonnen werden konnte. Zwei Quellen standen fest: der Koran und die *Sunna* (die Wegweisungen des Propheten). Es bestand keine Meinungsverschie-

denheit über den Koran. Jedoch teilten sich die Meinungen dahingehend, was die Sunna ausmachte. Da die Gelehrten, die die Schulen bildeten, in den verschiedenen islamischen Gebieten lebten, waren die Unterschiede vornehmlich regionaler Art. Diese Unterschiede sind für Muslime nicht nur von geringem Interesse, man betrachtet sie auch als ein Zeichen für Gottes Erbarmen. Der Prophet soll gesagt haben: „Unterschiedliche Meinungen in einer Gemeinschaft sind ein Zeichen für die Gnade Gottes." Es besteht kein Zwang der einen oder anderen Rechtsschule zu folgen, es sei denn, eine Gesellschaft entschließt sich dazu. In einigen Fällen, in vielen Ländern der arabischen Welt, können mehr als eine Schule wirken. Bei den Schulen handelt es sich um folgende:
– Die *Hanafi*-Schule, gegründet von Abū Hanīfa, begann im Irak und erlebte ihre Blüte in Persien (bis zur Konversion zum Schiismus) sowie im Osten (Zentralasien, Indien) und, nachdem das ottomanische Reich sich dazu bekehrte, überall dort, wo die Ottomanen herrschten;
– die *Maliki*-Schule, von *al-imām* Mālik gegründet, breitete sich in Nordafrika und den Gebieten südlich der Sahara aus;
– die *Shāfi'ī* Schule, von *al-imām* al Shāfi'ī gegründet, die in der arabischen Welt vorherrscht;
– die *Hanbali*-Schule, von al-imām Ibn Hanbal gegründet, die in ihrer wahabitischen Form in Saudiarabien vorherrscht.
Die Meinungsverschiedenheiten der Schulen entwickelten sich aus dem Grad, den die einzelnen Schulen bei der Formulierung von Gesetzen den verschiedenen Faktoren beimessen, wie z.B. persönliche Überzeugung des Richters, Analogie, Konsens, Ortsgebräuche und -praktiken, Gemeinwohl usw. Der einflußreichste Gelehrte einer Schule (der ‚Gründer') beim Formulieren von Gesetzen war al-Shāfi'ī, dessen Schule als ‚gemäßigt' und als ‚via media' zwischen dem Liberalismus der Hanafis und der ‚Ultra-Orthodoxie' der Hanbalis bezeichnet wurde, breitete sich in Nordafrika und den Gebieten südlich der Sahara aus.

50 Die Ka'ba ist das größte Heiligtum des Islams. Man hält sie für den Wiederaufbau eines von Abraham zum Preise Gottes errichteten Tempels. Zu ihr richten sich alle Muslime bei den Gebetszeiten aus. Die Wallfahrt nach Mekka und das Umschreiten der Ka'ba, zu einer bestimmten Zeit, ist die letzte der fünf Säulen des Glaubens und die einzige nicht vorgeschriebene. Die anderen Säulen sind *shahādah* (bereits erwähnt), das Verrichten der fünf täglichen Gebete *(alat),* das Geben von Almosen *(zakat)* und das Fasten während des Ramadan *(swam).*

51 Man nimmt an, daß hier von *rhamnus spina Christi* oder *rhamnus nabeca* die Rede ist. Muslimische wie nicht-muslimische Gelehrte sind der Meinung, daß die Blätter dieser Bäume, wenn sie auf kultiviertem Land gewachsen sind, in Wasser getaucht einen parfümartigen Duft entwickeln.

[52] Für Jesus zeigt der Koran, und folglich der Islam, ein ganz besonderes Interesse. Er ist ein Prophet und Bote Gottes, der eine frohe Botschaft verkündet. Auf Gottes Geheiß wurde er von der Jungfrau Maria geboren, doch anders als die Christen hält man ihn nicht für göttlich oder für Gottes Sohn. Auf Geheiß Gottes heilte Jesus die Kranken, erweckte Tote und blies Leben in Tonvögel. Er lehrte Gerechtigkeit und Gottesverehrung und sagte das Kommen Mohammeds voraus. Nach islamischem Glauben wurde Jesus – obgleich die Menschen das Gegenteil glaubten – weder gekreuzigt, noch starb er. Vielmehr fuhr er zum Himmel empor.

[53] Obwohl von der Herabkunft Jesu eigentlich nichts im Koran steht, habe doch einige Interpreten von 43.57–64 in ihm ein Zeichen für das Herannahen der Stunde zu sehen gemeint, besonders mit Blick auf Vers 61. Ohne auf den arabischen Text Rückbezug nehmen zu können, ist eine Analyse der Textlage sehr schwierig. Die Debatte dreht sich um ein arabisches Pronominalsuffix (3. Pers. Sg. maskulinum) und darum, ob mit diesem „er" Jesus gemeint sein kann: „Er ist ein Zeichen für die Stunde", oder ob es vielmehr „es" heißen muß: „Es ist das Wissen um die Stunde."

[54] Mehrere Koranverse beziehen sich auf dieses eschatologische Ereignis: 6.73, 19.99, 20 102, 23 101, 27.87, 36.51, 39.68, 50.20, 69.13 und 78.18. Von diesen Stellen stellt 69.13 ausdrücklich fest, daß es sich um einen Posaunenstoß handeln wird: „Und wenn die Posaune gestoßen wird mit einem einzigen Stoß." – Als einzige Stelle redet dagegen 39.68 von zwei Posaunenstößen: „Und gestoßen wird die Posaune, und ohnmächtig sollen alle in den Himmeln und auf Erden werden, außer jenen, welche Allāh belieben. Alsdann wird ein andermal in sie gestoßen, und siehe, sie stehen auf und schauen aus."

[55] 17.71, 69,19, und bes. 84.7–8.

[56] 69.25 (in der Linken); 84.10 (hinter dem Rücken).

[57] In diesem Zitat fehlt der oben erwähnte immer wiederkehrende Vers.

[58] Vgl. E. R. Curtius, *Europäische Literatur und lateinisches Mittelalter*, München u. Bern, 6.Aufl. 1967.

4 Der Hinduismus

[59] Vgl. *Upanishaden. Die Geheimlehre der Inder*, übertr. u. eingeleitet v. Alfred Hillebrandt, Düsseldorf/Köln 1981, S. 157.

[60] Huston Smith, *The World's Religions*, San Francisco 1991, S. 19.

[61] Vgl. z.B. *Die Paribhasa-Vedanta von Dharmaraja Adhvarindra*, Kap. 7.

[62] Vgl. auch *Kathaka-Upanishad* II.2.1.

[63] *śrotrasya srotraim manaso mano yad vāco ha vācaṁ sa u prāṅasya prānah cakṣuṣaś cakṣuḥ'*

[64] In der Vedanta-Tradition wird beschrieben, wie die fünf feinen Elemente einen komplexen Prozeß der Teilung und Vereinigung durchlaufen (pancikarana), um dann zu den fünf groben Elementen zu werden.

[65] Je nach ihrer Funktion hat die Lebenskraft fünf verschiedene Namen: *prana, apana, samana, vyana* und *undana.*

[66] Vgl. *Die Bhagavadgita,* mit dem indischen Urtext verglichen und ins Deutsche übersetzt von Siegfried Lienhard, Wiesbaden o. J. (*B. G.).*

[67] A.a.O., S. 82f.

[68] Ebd.

[69] Vgl. auch *Chandogya Upanisad with the Commentary of Sankara,* trans. Ganganatha Jha, Poona 1942, VIII.vi.6.

[70] Vgl. *The Vedanta-Sutras with the Commentary of Sankara,* trans. George Thibaut, 2 Bde., Delhi 1988, I, S. 102f.

[71] Vgl. *The Vedanta-Sutras with the Commentary of Ramanuja,* trans. George Thibaut, Delhi 1989. (*V. S*)

[72] Vgl. Raymond A. Moody, *Leben nach dem Tod,* erw. Ausg., Reinbek b. Hamburg 1977, 2. Kap.

[73] *B. G.* 8:5.

[74] *B. U.* IV,iv.2, S. 491.

[75] *B. G.* 9:20–21.

[76] Vgl. *B. G.* 2:42–44.

[77] Vgl. *B. G.* 8:16.

[78] Vgl. *B. G.* 2:32, 37.

[79] Vgl. *B. G.* 8:26. Ebenso *Mundaka Upanishad* I.ii.10 und *V. S.* III.I.8

[80] Vgl. *B. U.* VI.ii.15.

[81] In seinem Kommentar zu *Brahmasutra* II.3.32 konzediert Sankara die Möglichkeit der Wiedergeburt einer erleuchteten Person, um eine bestimmte von Gott aufgetragene Mission zu erfüllen.

5 Der Buddhismus

[82] *Anguttara Nikaya,* hg. V. A. K. Warder, London 1961, Bd. 1; *The Lankavatra Sutra,* übers. V. D. T. Suzuki, 1932, repr. London 1966, S. 68; E. Conze, *Prajnaparamita Literature,* Den Haag 1963. S. 9f.; D. S. Ruegg, *La Theorie du Tathagatarbha et du Gotra,* Paris 1969, S. 411ff.

[83] Buddhaghosas Beitrag zur Bildung der Pali-Tradition wird dargestellt in: K. R. Morman, *Pali Literature – Including the Canonical Literature in*

Prakrit and Sanskrit of all the Hinayana Schools of Buddhism, Wiesbaden 1983, S. 120ff. Die genannten Parabeln finden sich in Buddhaghosa, *Visuddhi-Magga oder der Weg zur Reinheit,* übers. V. Nyanatiloka, Konstanz 1952, S. 721.

[84] Einzelheiten über das *Abhidharmakosha* und seinen mutmaßlichen Autor, Vasubandhu, finden sich bei Hirakawa Akira, *A History of Indian Buddhism from Sakyamuni to Early Mahayana,* übers. v. Paul Groner, *Asian Studies at Hawaii* 36, Hawaii 1990, S. 136–38.

[85] Louis de La Vallee Poussin, Übers., *L'Abhidharmakosa de Vasubandhu, traduction et annotations, Melanges Chinoises et Bouddhiques* 16, Brüssel 1971, Bd. 2, S. 33.

[86] Nilanaksha Dutt, Hg., *Bodhisattvabhuni,* Patna 1966, S. 269.

[87] Louis de La Vallee Poussin, Übers., *Vijnaptimatratasiddhi: la siddhi de Huan-tsan,* Paris 1928, Bd. I, S. 191, 200, 358, 401.

[88] Mehrere Werke beschäftigen sich mit den historischen Entwicklungen jener Zeit: Paul Pellicot, *Histoire ancienne du Tibet,* Paris 1961; Jacques Bacot, *Introduction a l'histoire du Tibet,* Paris 1962; David Snellgrove und Hugh Richardson, *A Cultural History of Tibet,* London 1968. Die aktuellste Diskussion der frühen tibetischen Geschichte findet sich bei Christopher I. Beckwith, *The Tibetan Empire in Central Asia: A History of Struggle for Great Power among Tibetans, Turks, Arabs, and Chinese during the early Middle Ages,* Princeton 1987.

[89] Der tibetische Text, der diese Bestattungsriten überliefert, wurde herausgegeben und übersetzt von Giuseppe Tucci, unter dem Titel *The Tombs of the Tibetan Kings,* Serie Orientale Roma I, Rom 1950. Die den Tod des Kaisers reflektierenden Mythen diskutiert: Erik Haarth, *The Yarlun Dynasty. A Study with Particular Regard to the Contribution by the Myths and Legends to the History of Ancient Tibet and the Origin and Nature of Its Kings,* Kopenhagen 1969.

[90] Dieser Ansicht ist z.B. Detlef I. Lauf, *Geheimlehre Tibetischer Totenbücher,* Freiburg 1975, S. 13.

[91] Vgl. Dieter Michael Back, *Eine Buddhistische Jenseitsreise: Das sogenannte ‚Totenbuch der Tibeter' aus philologischer Sicht,* Wiesbaden 1979, S. 12.

[92] Mein Dank gilt der Deutschen Volkswagenstiftung, deren Unterstützung diesen Studienaufenthalt ermöglichte.

[93] Ausführlicher wird dies besprochen in: E. M. Dargyay, *The Rise of Esoteric Buddhism in Tibet,* Delhi 1977, repr. 1979, S. 62–81.

[94] Die kurze Biographie des Karma-gling-pa berichtet davon, daß er das Buch fand, als er fünfzehn Jahre alt war. Er vertraute die Lehre und den Text seinen Jüngern und zum Teil seinem Sohn an. Er befahl, daß die Lehre in den nächsten drei Generationen nie mehr als einer Person anver-

traut werden sollte. Danach fand sie im östlichen Teil Tibets, also Amdo, weite Verbreitung (Dargyay, S. 11–53).

95 Details über die Manuskripte und Xylographen finden sich bei Back, S. 12–17.

96 Die erste Übertragung ins Deutsche ist von Eva K. Dargyay, *Das tibetische Buch der Toten*, Bern 1977.

97 James Kirch, der die Kommentare Jungs für die englische Ausgabe des *Totenbuches* von W. Y. Evans-Wentz ins Englische übertrug, macht auf die Probleme, die Jungs Verständnis von „Seele" ergeben, zum ersten Mal aufmerksam.

98 Übersetzung der Autorin.

99 Hier sind vor allem die Publikationen von E. Kübler-Ross und R. A. Moody zu erwähnen.

6 Die chinesischen Religionen

100 Zitiert nach Julian F. Pas, „Journey to Hell: A Report of Shamanistic Travel to the Courts of Hell" in: *Journal of Chinese Religions* 17 (3.1989), S. 59. Der Abschnitt entstammt dem ‚Moraltext' (*shanshu*) *Journey to Hell*, der 1978 durch Geisterschrift in Taiwan offenbart wurde. Bis 1989 wurden 2 Millionen Exemplare dieses 2oo Seiten starken Werkes verkauft.

101 Die chinesischen Vorstellungen von einer jenseitigen Welt kommen auf fast schon absurde Weise der Welt im Licht nahe. Eine späte Quelle behauptet sogar, daß Geister sterben können und „Geistgeister" werden, die andere Geister auf eben die Weise erschrecken, wie die Geister uns erschrecken (Anthony Yü, „‚Rest, Rest, Perturbed Spirit!' Ghosts in Traditional Chinese Prose Fiction", in: *Harvard Journal of Asiatic Studies* 47/2 (1987), S. 432, Anm. 58). Der konservative Charakter der nächsten Welt wird an vielen Beispielen deutlich, so berichtet z.B. A. P. Wolf, daß das angemessene Geschenk für erhörte Gebete in einem Tempel, wo die Geister der unverheirateten Mädchen wohnen, ein Paar Kinderschuhe ist, „denn die Frauen in der *im* (*Yin* = dunklen) Welt haben immer noch gebundene Füße", Arthur P. Wolf, „Gods, Ghosts, and Ancestors" in: *Religion and Ritual in Chinese Society*, hg. v. Arthur P. Wolf, Stanford 1974, S. 150.

102 Analekten XI/12. Die Übersetzung stammt vom Autor und betont die Bedeutung der Negative und der Fragen, die Konfuzius benutzt – *wei* „noch nicht, niemals zuvor, niemals" (Verneinung in einer dauernden Form) und *yan* „wie, woher, von was, aus welchem Grund, auf welcher Basis".

103 Die Mehrzahl der chinesischen Götter begann als lebende Personen. Sowohl als Götter wie als tote Personen behalten die vormals Lebendigen

ihre Vorlieben und Eigenarten bei (vgl. Stevan Harrell, „The Concept of Soul in Chinese Folk Religion", in: *Journal of Asian Studies* 38/3, Mai 1979, S. 519).

[104] Ein Beispiel für die neu-konfuzianischen Angriffe auf den Buddhismus, einschließlich seiner lebensfeindlichen Einstellung, vgl. die bei Joseph Needham aufgeführte Polemik: *Science and Civilisation in China*, Bd. II: *History of Scientific Thought*, Cambridge 1969, S. 413–16. Needham zitiert aus dem *Beiqi Ziyi* des Chen Suan (ca. 1200 n. Chr.).

[105] Aus diesem Grund wird auch der Krieg in der chinesischen Philosophie niemals verherrlicht. Selbst die legalistische Schule, von der man erwarten könnte, daß sie den Krieg wegen seiner Rolle beim Erhalt und Ausbreiten der Staatsmacht lobt, gibt zu, daß es sich dabei um ein häßliches Geschäft handelt, und geht davon aus, daß die Menschen nur kämpfen, wenn ihnen keine andere Wahl bleibt.

[106] Vgl. Yü Ying-shīh, „Life and Immortality in the Mind of Han China", in: *Harvard Journal of Asiatic Studies* 15 (1964–65), S. 81–87.

[107] *Locus classicus* für diese Theorie ist die *Zuo*-Tradition *(Zuozhuan)*, ein historischer Text, der etwa 300 v. Chr. verfaßt wurde (James Legge, Übers., *The Chinese Classics*, Bd. 5: *The Ch'un Ts'ew with the Tso Chuen*, Taipe 1972, S. 618). Von späteren Theoretikern wurden *po* und *hun* vervielfacht; so fügten sie die Lehre von einem ‚Fötus-Geist' hinzu, der im Augenblick der Empfängnis entsteht und bis längstens einige Monate nach der Geburt existiert. Er wohnt im Haus, ändert täglich seinen Aufenthalt – und wenn er unbeabsichtigt zu Schaden kommt, kann das Kind behindert oder krank geboren werden (vgl. Harrell, S. 523–24).

[108] Yü Ying-shīh, „‚O Soul, Come Back!' A Study in Changing Conceptions of the Soul and Afterlife in Han China", in: *Harvard Journal of Asiatic Studies* 47/2 (1987), S. 370–71.

[109] Dazu Harrel: „Das ling-hun gibt dem Körper nicht gerade das Leben: Der Körper kann, zumindest zeitweilig, ohne ling-hun existieren. Einem Körper ohne ling-hun fehlt nicht das Leben, sondern die Menschlichkeit, die in den kulturell akzeptierten und angenommenen Formen eines im chinesischen Kontext angemessenen Benehmens definiert wird" (S. 527).

[110] Yü Ying-shīh, „O Soul, Come Back!", S. 365–69.

[111] Das 4. Jahr des Fürsten Xuan, 604 v. Chr. enthält den Bericht über die Furcht eines Adligen, die Geister seiner Familie würden verhungern, wenn alle Nachkommen ausgelöscht würden (Legge, S. 297).

[112] Analekten II/24.

[113] Vgl. „The Royal regulations" („Wang Zhi"), ein Kapitel in: *Record of Rituals*, übers. v. James Legge, *Li Chi: Book of Rites*, hg. v. Ch'u Chai und Winberg Chai, New York 1967, Bd. 1, S. 223.

[114] Yü Ying-shīh, „O Soul, Come Back!", S. 392–92.

115 Harrel untersucht die Argumentationsweisen, die für eine größere Anzahl von Seelen sprechen, näher und kommt zu folgendem Schluß: „Wenn Laien in irgendeinem Zusammenhang über ling-hun als einer Größe sprechen, die Eigenschaften hat, sei es der Fötus-Geist vor der Geburt, sei es etwas, das den Körper verlassen und so Geisteskrankheit verursacht hat, oder sei es, daß es *shen* (Gottheit) oder *kuei* (Geist) geworden ist, so sprechen sie immer von einer einzigen Größe. Ich glaube, daß ling-hun (Seele) auf der Tafel, ling-hun im Grab, ling-hun in der yin-Welt weniger unterschiedliche Seelen als vielmehr unterschiedliche Kontexte bedeuten. Wenn Taiwanesen auf dem Lande zu Hause ihre Ahnenopfer begehen, denken sie natürlich an ling-hun als auf der Tafel; wenn sie ihre Gaben zum Friedhof bringen, denken sie es als im Grabe; wenn sie schamanistische Beschwörungen unternehmen, dann denken sie es als in der yin-Welt. Da die Kontexte verschieden sind, gibt es kaum Konflikte und wenig Grund für abstrakte Spekulationen" (S. 522–23).
Dieser allgemeine Konsens basiert sicherlich auf einem kosmologischen Prinzip, das der Elite und der Volkskultur gemeinsam war, nämlich daß Dinge vom selben Typus sich gegenseitig stimulieren. Eine solche Stimulierung bedarf keiner direkten physischen Verbindung, obwohl man sie sich oft mechanistisch vorstellte (ein populäres Beispiel dafür war, daß eine gestimmte Saite vibriert, wenn eine gleichgestimmte Saite gezupft wird). Da Grab, Ahnentafel und die Seele (oder Seelen) alle auf besondere Weise „von derselben Art sind", ist es nur vernünftig, sie sich als durch ein drahtloses Netzwerk aus Ursache und Resultat miteinander verbunden vorzustellen, insbesondere da ja die hun-Seele, die als aus außergewöhnlich feinem Material bestehend gedacht wird, als besonders sensibel betrachtet werden dürfte.

116 Aus dem taoistischen *Canon of Great Peace*, 2.–5. Jh, n.Chr.; zitiert in: Yü Ying-shih, „O Soul, Come Back!", S. 390.

117 Ge Hong (gest. ca. 360 n.Chr.), *Biographies of Divine Transcendents (Shenxian zhuan)*, hg. v. Longwei bishu, 6/10a-b. Man hat die Authentizität dieses Textes in Frage gestellt, doch scheint er bis ins 4. Jh. n.Chr. zurückzugehen.

118 R. L McNabb, *The Woman of the Middle Kingdom*, New York 1907, S. 139–40.

119 Dieses Bild bot sich im Norden, die Ideen des Süden unterschieden sich davon sehr. Dort sah man die wandernde Seele von allen Himmelsrichtungen her, von oben und von unten bedroht (vgl. die Beschreibung bei Laurence G. Thompson, „On the Prehistory of Hell in China", in: *Journal of Chinese Religions* 17, 3.1989, S. 28–33). In einigen späteren Geschichten bleibt der Himmel der Bestimmungsort der Toten, normalerweise aber nur, um dort einer Gottheit die Ehre zu erweisen, nicht um für

immer dort zu bleiben (Robert F. Campany, „Return-From-Death Narratives in Early Medieval China", in: *Journal of Chinese Religions* 18 (3.1990), S. 103–6.

120 Vgl. Donald Harpers bibliographische Rezension in: *Journal of Asian Studies* 54/1 (Februar 1995), S. 158.

121 Wolf, S. 145.

122 *Canon of Poetry* Nr. 240, „Beishan".

123 Vgl. Yü Ying-shih, „O Soul, Come Back!", S. 388–90, und ein Auszug aus *Accounts of Mirabelia* (Bown *zhi*) von Zhang Hua (23–300 v. Chr.), Übersetzung bei Campany, S. 107.

124 Anna Seidel, „*Post-Mortem* Immortality, or the Taoist Resurrection of the Body", in: *Gilgul: Essays on Transformation, Revolution, and Permanence in the History of Religions*, hg. v. S. Shaked, D. Shulman, G. G. Stroumsa, Leiden 1987, S. 228.

125 Thompson berichtet, daß der Skeptiker Wang Chong (1. Jahrhundert v. Chr.), der sich über die populäre Vorstellung von den Geistern um jede Ecke lustig macht, niemals eine posthume Gerichtsverhandlung oder Strafe erwähnt. Zum ersten Mal taucht dieses Thema deutlich mehr als ein Jahrhundert später auf, in der populären taoistischen Bewegung. Selbst dann aber sind es die Lebenden, die für ihre eigenen Sünden oder die ihrer Ahnen bestraft werden, indem ihnen von den Mächten der Unterwelt Krankheit auferlegt wird (S. 36–38).

126 Stephen F. Teiser, „‚Having Once Died and Returned to Life': Representations of Hell in Medieval China", in: *Harvard Journal of Asiatic Studies* 48/2 (1988), S. 460.

127 Zu dieser Debatte vgl. u. a. Walter Libenthal, „The Immortality of the Soul in Chinese Thought", in: *Monumenta Nipponica* 8:1–2 (Januar 1952), S. 327–97; Etienne Balazs, „The First Chineses Materialists", in: E. Balazs, *Chinese Civilization and Bureaucracy*, hg. v. Arthur Wright, New Haven 1964; S. 255–76; Whalen Lai, „Beyond the Debate on ‚The Immortality of the Soul': Recovering an Essay by Shen Yueh", in: *Journal of Oriental Studies*, Hong Kong 19/2 (1981), S. 138–57.

128 Teiser, S. 439–43.

129 Ebd., S. 451–52.

130 Anne Swann Goodrich, *Chinese Hells: The Peking Temple of Eighteen Hells and Chinese Conceptions of Hell*, St. Augustin 1971, S. 74–75.

131 Ebd., S. 55–56, 65.

132 Ebd., S. 82–85.

133 Anthony Yü, S. 417–19.

134 Ebd., S. 420.

135 *Biographies of Divine Transcendents (Shenxian zhuan)*, Longwei bishu-Ausgabe, 2/1b.

136 Mo Ti, der früheste und vielleicht härteste Kritiker des Konfuzius (4. Jh. v. Chr.) soll gesagt haben: „Wenn ein Elternteil stirbt, bahren die Konfuzianer den Leichnam für lange Zeit auf, bevor sie ihn für das Begräbnis zurecht machen, währenddessen sie auf das Dach steigen, in die Zisterne schauen, in den Rattenlöchern stochern und die Waschbecken untersuchen: überall den Toten suchend. Wenn sie annehmen, daß sie den Toten dort wirklich finden, müssen sie tatsächlich dumm sein; wenn sie aber wissen, daß er nicht dort ist, und gleichwohl suchen, dann machen sie sich der größten Heuchelei schuldig" (Burton Watson, Übers., *Mo Tzu: Basic Writing*, New York 1963, S. 125.

137 Evelyn S. Rawski, „A Historian's Approach to Chinese Death Ritual", in: *Death Ritual in Late Imperial and Modern China*, hg. v. James L. Watson u. Evelyn S. Rawski, Berkeley 1988, S. 30.

138 Eine Sache, die die Konfuzianer am buddhistischen System besonders verunsicherte, war die Möglichkeit, daß die Eltern als einem selbst untergeordnet oder als Tier wiedergeboren werden könnten. Einen allgemeinen Bericht über die Bewegung zur Wiedereinführung der alten Bestattungsriten bringt Timothy Brook, „Funerary Ritual and the Building of Lineages in Late Imperial China", in: *Harvard Journal of Asiatic Studies* 49/2 (1989), S. 465–99.

139 Ein frühes Beispiel für diesen Weg ist die Geschichte aus dem 4. Jh. v. Chr. über den Unsterblichen vom Guyi-Berg, der die Ernährung von Körnern ganz aufgab, um nur von Wind und Tau zu leben, und infolgedessen die Macht gewann, Seuchen abzuwenden und das Reifen des Korns zu garantieren (s. A.C. Graham, *Chuang-tzu: The Inner Chapters*, London 1981, S. 46). Oft wird Zhuanzhis „rhapsodisches" Annehmen des Todes zitiert, wollte man dieses einzigartige Werk aber hier länger vorstellen, dürften beim Leser dieser allgemeinen Einführung falsche Eindrücke entstehen. Interessierte können die Einleitung zu Grahams Werk und die entsprechenden Stellen studieren.

140 Vgl. Yü, „Life and Immortality", S. 107. Eine gründliche Behandlung chinesischer Alchimie, einschließich der Unsterblichkeitsdroge, findet sich bei Joseph Needham, *Science and Civilisation in China*, Bd. 5:2: *Chemistry and Chemical Technology*, Part II: *Spagyrical Discovery and Invention: Magisteries of Gold and Immortality*, Cambridge 1974.

141 Duane Pang, „The *P'utu* Ritual: A Celebration of the Chinese Community in Honolulu", in: *Buddhist and Taoist Studies* I, hg. v. Michael Saso und David W. Chappell, University Press of Hawaii 1977, S. 95–122, bes. S. 100.

142 Goodrich, S. 88–96; J. J. Diyvendak, „A Chinese ‚Divina Commedia'", in: *T'oung pao* 41 (1952), S. 255–316.

143 Vgl. die Beschreibung bei Thompson, S. 38–41.

[144] Wie auch auf dem politischen Feld war die Geduld der einfachen Menschen bei religiöser Unterdrückung nicht grenzenlos. Die populären Äquivalente zu Alchimie und Flucht in andere Welten waren die Erlösungskulte, die den Zugang in ein Paradies, das man in buddhistischen Begriffen verstand, predigten. Solch ein Kult war die Sekte des Weißen Lotus im späten Kaiserreich. Diese zielte darauf, die Gläubigen in die Lage zu versetzen, wie man sagte, „auf direktem Weg in den Himmel zu fahren, dort die Ewige Mutter zu treffen und niemals wieder in diese Welt zurückzukehren" (Daniel Overmyer, Folk Buddhist Religion, Cambridge, Mass. 1976, S. 191). Eine andere Sekte behauptete, daß jeder, der einen der von ihren Lehrern ausgestellten „Pässe" besaß, welcher nach dem Tode verbrannt wurde, „von einem Gott empfangen und durch die Hölle geleitet würde und keine der Höllenbitternisse erdulden müsse" (Susan Naquin, „Funerals in North China: Uniformity and Variation", in: Watson and Rawski, S. 51).

[145] Die genauen Umstände dieser Techniken unterscheiden sich in China von Region zu Region, doch alle stimmen darin überein, daß der Tod eine Krise ist, die ein großes Potential zu kosmischer Disharmonie birgt, daher müssen alle Handlungen sehr sorgfältig koordiniert werden. Vgl. dazu, neben Naquin, auch James L. Watson, „Of Flesh and Bones: The Management of Death Pollution in Cantonese Society", in: *Death and the Regeneration of Life*, hg. v. Jonathan Parry und Maurice Bloch, Cambridge 1982, S. 155–86.

[146] John L. McCreery, „Why Don't We See Some Real Money Here? – Offerings in Chinese Religion", in: *Journal of Chinese Religion* 18 (3. 1990), S. 1–24.

[147] Stevan Harrell, „Men, Women, and Ghosts in Taiwanese Folk Religion", in: *Gender and Religion: On the Complexity of Symbols*, hg. v. Caroline Walker Bynum, Stevan Harrell, Paula Richman, Boston 1986, S. 98–100.

[148] Pang.

[149] Harrell, „Men, Women, and Ghosts", S. 104–6.

[150] Zitiert nach Pas, S. 58.

[151] Wenn wir nach dem Bericht in *Journey to Hell* gehen, hat dies eine interessante Widerspiegelung in der Unterwelt erfahren: Den Hallen der Strafe wurde ein neuer Vorraum angefügt, über dessen Tor das Motto steht „Alle Lehren kehren zur Einheit zurück". Dies ist der Ort für die entschlafenen Geister von Missionaren, die auf intolerante Weise andere Sekten zu zerstören suchten. Hier sollen sie ihre Irrtümer bedenken, ohne jedoch die Qualen der Hölle erdulden zu müssen (Pas, S. 59–60).

[152] Jeffrey Meyer faßt ihre Sicht der Religion so zusammen: „Vieles ist Aberglaube und sollte über Bord geworfen werden. Doch bewahren einige Religionen wichtige Werte, besonders bei der Aufrechterhaltung der Mo-

ral und der öffentlichen Ordnung. Jedoch jeder, der Konfuzius folgt (wenn auch nicht ausdrücklich), besitzt all diese Werte schon und bedarf der religiösen Verbrämung, die damit einhergeht, gar nicht" („The Image of Religion in Taiwan Textbooks", in: *Journal of Chinese Religions* 15 (3. 1987), S. 50.

[153] Robert P. Weller, „Bandits, Beggars, and Ghosts: The Failure of State Control over Religious Interpretation in Taiwan", in: *American Ethnologist* 12/1 (Februar 1985), S. 54.

Ausgewählte Literatur

Barloewen, Constantin von: Der Tod. In den Weltkulturen und Weltreligionen. München 1996.

Braun, Hans J.: Das Jenseits. Die Vorstellungen der Menschen über das Leben nach dem Tod. Zürich 1996.

Hasenfratz, Hanspeter: Leben mit den Toten. Eine Kultur- und Religionsgeschichte der anderen Art. Freiburg i. Br. 1998.

Klimkeit, Hans J. (Hrsg.): Tod und Jenseits im Glauben der Völker. Mit Beiträgen von von Ozols, Jakob/Thiel, Josef u. a. 3. unveränd. Auflage Wiesbaden 1993.

Ruprecht, Erich/Ruprecht, Annemarie (Hrsg.): Tod und Unsterblichkeit. Zeugnisse aus Philosophie, Theologie und Dichtung. Von der Mystik des Mittelalters bis zur Aufklärung – Goethezeit und Romantik – Vom Realismus bis zur Gegenwart. 3 Bde. Stuttgart 1992.

Stephenson, Gunther (Hrsg.): Leben und Tod in den Religionen. Symbol und Wirklichkeit. (Unveränd. Nachdr. d. 3. Aufl. 1994). Darmstadt 1997.

Thiel, Josef (Redakt.): Der Tod – Ende oder Tor zum Leben? Tod und Jenseitsvorstellungen der Völker. Hrsg.: Museum f. Völkerkunde. Frankfurt 1990.

Viseux, Dominique: Das Leben nach dem Tod in den großen Kulturen. Hrsg. v. Günther, Michael. München 2. Aufl. 1995.

Die Autoren

Harold Coward ist Professor für Geschichte und Direktor des Forschungszentrums für Religion und Gesellschaft an der Universität von Victoria. Er arbeitet vor allem auf den Feldern der vergleichenden Religionswissenschaft, der Religionspsychologie und der Umweltethik. Er ist Vorstandsmitglied des *Canadian Global Change Program.* Seine weit gefächerten Publikationen umfassen *Ethics and Climate Change* (mit Thomas Hurka) (1993) und *Pluralism: Challenge to World Religions* (1985).

Eliezer Segal ist *Associate Professor* am *Department of Religious Studies* der Universität von Calgary. Er hält ein Doktorat in Talmudstudien von der Universität Jerusalem. Er ist Verfasser von *Case Citation in the Babylonian Talmud* (1990), *The Babylonian Esther Midrash: A Critical Commentary* (3 Bde., 1994) und einer Reihe von Beiträgen und Artikeln zur rabbinischen Literatur, zum jüdischen Recht und zur vergleichender Bibelexegese.

Terence Penelhum ist em. Professor für *Religious Studies* an der Universität Calgary, wo er früher als Professor für Philosophie, Dekan der geisteswissenschaftlichen Fakultät und Direktor des *Institute for the Humanities* wirkte. Er absolvierte die Universitäten Edinburgh und Oxford. U.a. ist er Verfasser von *Survival and Disembodied Existence* (1970); *God and Scepticism* (1983) und *Reason and Religious Faith* (1995). 1988 wurde er mit dem *Canada Council Molson Prize in the Humanities* ausgezeichnet.

Hanna Kassis ist Professor für Islamwissenschaft am *Department of Classical, Near Eastern, and Religious Studies* der Universität von British Columbia. Er studierte an der Amerikanischen Universität in Beirut und promovierte 1965 in Harvard im Fach *Near Eastern Languages and Civilization.* Zunächst widmete er sich dem Studium des Alten Nahen Ostens, wechselte dann aber zur Islamwissenschaft unter Beibehaltung seiner früheren Methodologie. Sein Interesse gilt besonders dem Islam in Spanien und den muslimisch-christlichen Beziehungen dort. Neben seiner *Concordance of the Qur'an* (Berkeley 1983) (span. *Las Concordancias del Corán* [Madrid 1987]) stehen zahlreiche Artikel zur neuerwachenden Orthodoxie unter Muslimen und zur christlichen Reaktion auf dieses Phänomen.

Anantanand Rambachan ist Professor für Religion am St. Olaf College in Northfield, Minnesota. Er ist Verfasser zahlreicher Bücher, u.a. *The Limits of Sculpture: Vivekananda's Reinterpretation of the Authority of the Vedas* und *Accomplishing the Accomplished: The Vedas as a Source of Valid Knowledge in Sankara.* Seine einundzwanzigteilige Radioserie wurde weltweit von der BBC ausgestrahlt. Für seine Verdienste wurde ihm die zweithöchste Auszeichnung Trinidads, die *Chaconian Gold Medal*, verliehen.

Eva K. Neumaier-Dargyay ist Professorin für buddhistische Religion und Literatur am Seminar für vergleichende Literatur-, Film- und Religionswissenschaft der Universität von Alberta, Edmonton. Sie promovierte und habilitierte sich 1966, bzw. 1976 an der Ludwig-Maximilians-Universität München. Sie arbeitet auf dem Gebiet der tibetischen Religion und Literatur. Zuletzt erschien von ihr das Buch *The Sovereign All-Creating Mind, the Motherly Buddha* (1992).

Gary Arbuckle ist *Social Science and Humanities Research Fellow* an der Abteilung für asiatische Studien der Universität von *British Columbia*, wo er 1991 promovierte. Sein Hauptforschungsfeld sind die Tradition der konfuzianischen *Annalen* und die frühen Entwicklungsstufen der chinesischen Kosmologie, zu denen er eine Reihe von Artikeln veröffentlicht hat. In Vorbereitung befindet sich ein Buch über den konfuzianischen Denker der Han-Periode Dong Zhongshu sowie eine annotierte Übersetzung des *Chunquiu fanlu.*

Dalai Lama

Dalai Lama
Tod und Unsterblichkeit im Buddhismus
Über die Buddha-Natur
Vorwort von Václav Havel
Band 4555

Dalai Lama/
Jean-Claude Carrière
Die Kraft des Buddhismus und der Zustand der Welt
Bewußter leben in der Welt von heute
Band 4463

Dalai Lama
Der Friede beginnt in dir
Wie innere Haltung nach außen wirkt
Band 4451

Dalai Lama
Zeiten des Friedens
Band 4065

Dalai Lama
Mitgefühl und Weisheit
Ein großer Mensch im Gespräch mit Felizitas von Schönborn
Band 4288

Dalai Lama
Sehnsucht nach dem Wesentlichen
Die Gespräche in Bodhgaya
Band 4229

Dalai Lama
Einführung in den Buddhismus
Die Harvard-Vorlesungen
Band 4148

Dalai Lama
Tibet – Ort der Götter, Land der Tränen
Hrsg. von G. van Grasdorff
Band 4497

HERDER / SPEKTRUM

Thich Nhat Hanh

Thich Nhat Hanh
Nenne mich bei meinem wahren Namen
Meditative Texte und Gedichte
Band 4579

Mehr als 100 meditative und poetische Texte des vietnamesischen Zen-Meisters Thich Nhat Hanh. Das Zeugnis eines großen Herzens, ein Dokument tiefer Bewußtheit und Weisheit.

Thich Nhat Hanh
Schlüssel zum Zen
Der Weg zu einem achtsamen Leben
Mit einer Einführung von Philip Kapleau
Band 4570

Ein Meister erschließt die alte Tradition von Bewußtheit und Achtsamkeit, um sie im Alltag zu verwirklichen.

Thich Nhat Hanh
Zeiten der Achtsamkeit
Mit einer Einleitung hrsg. von Judith Bossert und Adelheid Meutes-Wilsing
Band 4492

In der Übung der Achtsamkeit liegt der Weg zum Wesentlichen. Die schönsten Texte des bedeutenden Meditationsmeisters.

Thich Nhat Hanh
Lächle deinem eigenen Herzen zu
Wege zu einem achtsamen Leben
Hrsg. von J. Bossert/A. Meutes-Wilsing
Band 4370

Die einfache, tiefe Botschaft an Menschen, die in der Hektik des Alltags beim Gehen schon ans Rennen denken.

Leben ist mehr

Perle Bessermann
Zen oder die Kunst, das Leben zu meistern
Band 4657
Geschichten aus dem Alltag, in denen es immer wieder um die Erfahrung geht, daß man in einer Situation ‚feststeckt". Und plötzlich zeigt sich: Es tun sich überraschende Lösungsmöglichkeiten auf.

Alan Watts
Leben ist jetzt
Der östliche Weg der Befreiung und die Verwandlung des Selbst
Band 4622
Die tiefe Erfahrung östlicher Religionen: wer sich mit dieser Denkweise vertraut macht, wird eine tiefere Heiterkeit auch in sich selbst entdecken.

Maha Ghosananda
Wenn der Buddha lächelt
Frieden finden – Schritt für Schritt
Vorwort von Jack Kornfield
Band 4544
In den Texten des bekannten Friedensstifters geht es um Einfachheit und Achtsamkeit, um Zorn und Liebe.

Eckart Kroneberg
Buddha in der City
Achtsam leben im Alltag
Band 4531
Buddha und der aufgebrachte Hauswart – Buddhismus als Lebensstil, in Langzeiterfahrung erprobt.

Daisetz Teitaro Suzuki
Das Zen-Koan – Weg zur Erleuchtung
Mit einem Vorwort von Janwillem van de Wetering
Band 4452
Koans sind Rätsel, die jeder für sich löst. Sie können zeigen, wer wir wirklich sind. Die klassische Einführung.